O LIVRO DAS MINHAS VIDAS

Aleksandar Hemon

O LIVRO DAS MINHAS VIDAS

Tradução de Geni Hirata

Título original
THE BOOK OF MY LIVES

Copyright © 2013 *by* Aleksandar Hemon

Todos os direitos reservados.

Direitos para a língua portuguesa reservados
com exclusividade para o Brasil à
EDITORA ROCCO LTDA.
Av. Presidente Wilson, 231 – 8º andar
20030-021 – Rio de Janeiro – RJ
Tel.: (21) 3525-2000 – Fax: (21) 3525-2001
rocco@rocco.com.br
www.rocco.com.br

Printed in Brazil/Impresso no Brasil

Preparação de originais:
FÁTIMA FADEL

CIP-Brasil. Catalogação na fonte.
Sindicato Nacional dos Editores de Livros, RJ.

H43L Hemon, Aleksandar, 1964-
       O livro das minhas vidas / Aleksandar Hemon;
       tradução de Geni Hirata. – Rio de Janeiro:
       Rocco, 2013.

       Tradução de: The book of my lives
       ISBN 978-85-325-2853-7

       1. Ficção americana. I. Hirata, Geni. II. Título.

13-00956   CDD – 813
                                CDU – 821.111(73)-3

PARA ISABEL,

respirando em meu peito para todo o sempre

AGRADECIMENTOS
■ ■ ■

Escrevo ficção porque não consigo deixar de fazê-lo, mas preciso ser pressionado quando se trata de escrever não ficção. Gostaria de agradecer às seguintes pessoas que me estimularam a superar minhas reservas e minha ociosidade: Slavenka Drakulić e Richard Swartz, John Freeman, Sean Wilsey e a equipe da McSweeney's, Lee Froelich, David Remnick e, em especial, Deborah Treisman, cuja inteligência, bom senso e generosidade ajudaram a trazer à vida alguns trechos particularmente difíceis. Meu editor, Sean McDonald, o Tony Soprano do mercado editorial nova-iorquino, tem sido um amigo leal e presente, e que também me fez reescrever quando eu não queria. Minha agente, Nicole Aragi, agora já se tornou *de facto* um membro da família, de modo que eu normalmente expresso minha gratidão cozinhando para ela – no entanto, a gratidão verbal se faz necessária, uma vez que sua paciência, bondade, generosidade e chocante "boca suja" me ajudaram a atravessar tempos muito difíceis. Minha irmã, Kristina, e meu melhor amigo, Velibor Božović Veba, compartilharam tanto comigo – até mesmo suas lembranças – que jamais poderei lhes ser suficientemente grato. Meus pais, Petar e Andja, aturaram minha infância e adolescência, e sobreviveram para contar, tornando-se, no processo, meus amigos e heróis. Teri Boyd, minha mulher e parceira, minha eternidade, torna tudo possível e tolerável. Finalmente, minhas filhas, Ella, Isabel e Esther, abençoaram todas as minhas vidas, dando-lhes amor e sentido.

AS VIDAS DE OUTROS
■ ■ ■

1. QUEM É ESTA?

Na noite de 27 de março de 1969, meu pai estava em Leningrado, URSS, estudando para obter seu título de especialização em engenharia elétrica. Minha mãe estava em casa, em Sarajevo, em adiantado trabalho de parto, assistida por um conselho de amigas. Segurava a barriga redonda com as duas mãos, chorando e resfolegando, mas o conselho não parecia muito preocupado. Eu a orbitava, com exatamente quatro anos e meio, tentando segurar sua mão ou sentar em seu colo, até que fui mandado para a cama com ordens para dormir. Desafiei as ordens e fiquei monitorando os desdobramentos pelo (um pouco freudiano) buraco da fechadura. Naturalmente, eu estava apavorado, pois mesmo sabendo que havia um bebê em sua barriga, ainda assim não sabia exatamente como tudo iria funcionar, o que iria acontecer a ela, a nós, a mim. Quando por fim foi levada para o hospital, obviamente com muita dor, fui deixado para trás com pensamentos aterrorizantes compensados apenas por *teta*-Jozefina, que procurava me acalmar com garantias de que minha mãe não iria morrer, que ela voltaria com um irmão ou uma irmã. Eu queria que minha mãe voltasse; eu não queria um irmão ou uma irmã; eu queria que tudo voltasse a ser como antes, do jeito que sempre fora. O mundo harmoniosamente me pertencia; na verdade, o mundo era eu.

Mas nada nunca mais foi – nem jamais poderia ser – do jeito que era antes. Uns dois dias depois, fui acompanhado por dois adultos (cujos nomes e rostos desapareceram no fundo arenoso de minha mente envelhecida – tudo que sei a seu respeito é que nenhum deles era meu pai, que continuava na URSS), para tirar minha mãe do hospital. De uma coisa eu me lembro: minha mãe não ficou nem de longe tão feliz em me ver quanto eu de vê-la. A caminho de casa, compartilhei o banco de trás com minha mãe e uma trouxa toda enrolada em panos que alegavam estar viva – e que supostamente seria minha irmã. O rosto da minha suposta irmã estava seriamente amarrotado, exibindo uma careta feia e indefinível. Pior ainda, seu rosto estava escuro, como se estivesse coberto de fuligem. Quando passei o dedo pelo seu rosto, uma linha pálida surgiu sob a fuligem. "Ela está suja", anunciei aos adultos, mas nenhum deles reconheceu o problema. Dali em diante, seria difícil eu ter minhas necessidades atendidas e meus pensamentos ouvidos. Além disso, seria difícil conseguir chocolate.

Assim, a chegada de minha suposta irmã marcou o início de um período solitário e atormentado nos primeiros anos do meu desenvolvimento. Bandos de pessoas (trazendo chocolates que eu não podia tocar) vinham à nossa casa para se debruçarem sobre ela e produzir sons ridículos. Poucos se preocupavam comigo, enquanto a atenção que lhe davam era totalmente, exasperadoramente imerecida: ela não fazia nada além de dormir e chorar e passar por frequentes trocas de fraldas. Por outro lado, eu já conseguia ler pequenas palavras, sem mencionar que sabia falar fluentemente e conhecia todo tipo de coisas interessantes: podia reconhecer bandeiras de vários países; podia facilmente distinguir entre animais selvagens e domésticos. Fotos minhas, muito engraçadinhas, espalhavam-se por toda a casa. Eu tinha conhecimento, tinha ideias, eu sabia quem eu era. Eu era eu mesmo, uma pessoa, amada por todos.

Durante algum tempo, por mais dolorosa que sua existência fosse para mim, ela não passava de algo novo, como uma peça nova de mobiliário ou uma planta murcha em um jarro grande, algo que era preciso contornar para poder chegar à minha mãe. Com o tempo, entretanto, compreendi que ela viera para ficar e ser um obstáculo permanente, que o amor de minha mãe por mim jamais voltaria aos níveis pré-irmã. Não só minha nova irmã invadiu o que costumava ser meu mundo, como inadvertidamente se instalou – apesar de não ser ninguém – em seu verdadeiro centro. Em nossa casa, em minha vida, na vida de minha mãe, todo dia, o tempo todo, para sempre, ela estava lá – aquela que não era eu, a outra.

Assim sendo, tentei exterminá-la tão logo tive uma chance. Em um dia de primavera, mamãe deixou-a sozinha comigo na cozinha para atender ao telefone. Meu pai ainda estava na Rússia, e pelo que sei ela devia estar falando com ele. Ela de fato conversou por algum tempo, fora da minha vista, enquanto eu observava a pequena criatura, seu rosto indecifrável, sua ausência absoluta de pensamento ou personalidade, sua óbvia falta de substância, sua presença imerecida. Comecei a estrangulá-la, pressionando meus polegares contra sua traqueia, como se vê na TV. Ela era macia e quente, viva, e eu segurava sua existência em minhas mãos. Senti seu minúsculo pescoço sob meus dedos, ela se contorcia por sua vida. De repente, compreendi que não devia estar fazendo o que estava fazendo, não devia matá-la, porque ela era minha irmãzinha, porque eu a amava. Mas o corpo está sempre à frente do pensamento e eu mantive a pressão por mais um instante, até ela começar a vomitar leite materno talhado. Fiquei apavorado com a possibilidade de perdê-la: seu nome era Kristina, eu era seu irmão mais velho e queria que ela vivesse, para que eu pudesse amá-la mais. No entanto, embora eu soubesse como podia acabar com sua vida, não sabia como podia parar o processo e impedir que ela morresse.

Minha mãe ouviu seus berros desesperados, largou o telefone e correu em seu socorro. Pegou minha irmã no colo, acalmou-a, limpou o vômito, a fez inspirar e expirar, em seguida exigiu uma explicação de minha parte. Meu recém-descoberto amor pela minha irmã e o sentimento de culpa relacionado de modo algum dispersaram meus instintos de autopreservação: declarei com desfaçatez que ela começara a chorar e eu apenas pusera a mão sobre sua boca para impedir que ela incomodasse minha mãe. Durante toda a minha infância, eu sempre soube mais e melhor do que meus pais achavam que eu fosse capaz – eu sempre fui um pouco mais maduro do que eles podiam ver. Descaradamente, aleguei boas intenções aliadas à ignorância infantil, e assim fui advertido e perdoado. Não tenho a menor dúvida de que fui monitorado durante algum tempo, porém nunca mais tentei matar Kristina e a tenho amado ininterruptamente desde então.

A lembrança daquela tentativa de assassinato é a primeira em que posso ver a mim mesmo de um ponto de vista externo, e o que vejo sou eu próprio *e* minha irmã. Nunca mais eu ficaria sozinho no mundo, nunca mais eu o teria exclusivamente para mim. Nunca mais minha individualidade seria um território soberano, desprovido da presença de outras pessoas. Nunca mais eu teria todo o chocolate somente para mim.

2. QUEM SOMOS NÓS?

Na minha infância em Sarajevo, no início da década de 1970, o conceito social dominante entre as crianças era *raja*. Ainda que alguém tivesse um único amigo, tinha um *raja*, mas normalmente o *raja* era definido pela parte da cidade ou do conjunto de prédios em que vivia – passávamos a maior parte do tempo em que não estávamos na escola brincando nas ruas. Cada *raja* possuía uma hierarquia de gerações: o *velika raja* era formado pelos garotos mais velhos cujas responsabilidades incluíam proteger o *mala raja* – as crianças menores – de maus-tratos ou esvaziamento dos bolsos por algum outro *raja*. As regalias dos garotos mais velhos lhes davam o direito de exigir obediência incondicional, de modo que o *mala raja* podia sempre ser mobilizado para comprar cigarros, revistas de mulheres nuas, cervejas e camisinhas, ou voluntariamente oferecer suas cabeças ao *velika raja* para a implacável prática de dar piparotes – minha cabeça era frequentemente submetida a um bombardeio dos temíveis *mazzolas*. Muitos *rajas* eram definidos e batizados com o nome de seu líder, geralmente o garoto mais forte, mais valentão. Nós temíamos o *raja* de Ćiza, por exemplo, cujo líder, Ćiza, era um conhecido *jalijaš*, um gângster de rua. Normalmente, não víamos Ćiza, que tinha idade bastante para se envolver lucrativamente em várias formas de crimes menores. Ele adquiriu uma qualidade de mito, enquanto seu irmão mais novo, Zeko, administrava as operações diárias de não fazer nada em particular. Era ele quem mais temíamos.

Meu *raja* era um dos mais fracos e menos importantes, já que não tínhamos nenhum líder – todos os nossos garotos mais velhos, ainda bem, levavam a escola a sério. Éramos demarcados por uma área de recreação entre dois prédios simétricos, de construção idêntica, em que morávamos; nós o chamávamos de Park. Na geopolítica de nossa vizinhança (conhecida na época como *Stara stanica* – a Velha Estação de Trem), éramos conhecidos como os *Parkaši*. O Park continha não só equipamentos de recreação: um escorrega, três balanços, uma caixa de areia e um carrossel, como também bancos, que serviam de balizas para o gol quando jogávamos futebol. Mais importante ainda, havia as moitas, que serviam como nosso *loga* – nossa base, o lugar onde podíamos nos esconder e escapar dos ataques do *raja* de Ćiza, onde armazenávamos coisas roubadas de nossos pais ou furtadas de outros garotos mais fracos. O Park era nosso domínio legítimo, nosso território soberano, que nenhum estranho, muito menos um membro de outro *raja*, podia invadir – qualquer invasor suspeito estava sujeito a uma revista preventiva ou a um ataque punitivo. Certa vez, travamos uma campanha bem-sucedida contra um bando de adolescentes que erroneamente pensaram que nosso Park era um bom lugar para fumar, beber e se agarrar. Atiramos neles pedras e areia molhada embrulhada em papel, atacamos coletivamente os que estavam isolados, quebrando longas varas contra suas pernas enquanto agitavam incontrolavelmente os braços curtos. De vez em quando, algum outro *raja* tentava invadir e assumir o controle do Park e travávamos uma guerra – cabeças eram quebradas, corpos machucados, todos e cada um de nós se arriscando a um ferimento grave. Somente quando Zeko e seus soldados – nossa nêmese mais poderosa – foram ao Park é que tivemos que recuar e observá-los se balançarem em nossos balanços, escorregarem em nossos escorregas, urinar em nossa caixa de areia, defecar em nossas moitas. Nada podíamos fazer além de imaginar uma vingança implacável, adiada para um futuro indefinido.

Agora me parece que, quando eu não estava na escola ou lendo livros, estava envolvido em algum projeto coletivo do meu *raja*. Além de proteger a soberania do Park e travar várias guerras, frequentávamos as casas uns dos outros, trocávamos gibis e figurinhas de futebol, nos esgueirávamos para dentro do cinema local (Kino Arena), buscávamos evidências de atividade sexual nos closets de nossos pais e íamos às festas de aniversário uns dos outros. Minha primeira lealdade era para com meu *raja*, e qualquer outra afiliação coletiva era inteiramente abstrata ou absurda. Sim, nós todos éramos iugoslavos e pioneiros, todos nós amávamos Tito, o socialismo e nosso país, mas eu nunca teria ido à guerra e levado socos por eles. Nossas outras, digamos, identidades, a etnia de cada um de nós, eram inteiramente irrelevantes. A consciência da identidade étnica que tínhamos uns dos outros estava relacionada aos costumes antigos praticados por nossos avós, fundamentalmente dissociados de nossas atividades diárias, quanto mais de nossa luta contra a opressão que sofríamos de Zeko e seus comparsas.

Certo dia, fui à festa de aniversário de Almir, junto com a maior parte do meu *raja*. Almir era um pouco mais velho do que eu, portanto uma autoridade em muitas coisas sobre as quais eu nada sabia, inclusive as propriedades explosivas dos asbestos, que chamávamos de "lã de vidro" e aos quais, de alguma forma, ele tinha acesso ilimitado. Em certa ocasião, me abaixei sucessivas vezes enquanto ele atirava um punhado de "lã de vidro" enrolada em papel, como uma granada de mão, prometendo uma explosão que nunca aconteceu. Almir também tinha idade suficiente para se envolver com rock, de modo que em sua festa ele tocou Bijelo Dugme, a banda de rock de Sarajevo que na época apavorava nossos pais com suas cabeleiras e música estúpida, antissocial e antissocialista. Fora isso, era um aniversário como qualquer outro: comemos sanduíches, bebemos sucos, vimos Almir soprar as velas no bolo, demos a ele seus presentes.

Para sua festa de aniversário, Almir estava impecavelmente vestido, o que naquela ocasião significava um suéter de lã com listras pretas e cor de laranja, um pouco felpudo e comparativamente chamativo – nossas roupas socialistaiugoslavas eram decididamente monótonas. O suéter obviamente era de outro lugar, então lhe perguntei de onde viera. Da Turquia, ele respondeu. Após o que fiz um gracejo: "Então você é um turco!" Deveria ser uma piada, mas ninguém riu; pior ainda, ninguém achou que fosse uma piada. Eu quis dizer que um suéter estrangeiro fazia dele uma espécie de estrangeiro, uma brincadeira que só era possível porque óbvia e indubitavelmente não era verdade. A fracassada piada mudou inteiramente o humor da festa: para minha completa surpresa, Almir começou a chorar inconsolavelmente, enquanto todos me olhavam com reprovação. Supliquei-lhes que me explicassem o que eu havia dito, e quando não o fizeram, ou não puderam, tentei explicar como a piada deveria ter funcionado, assim cavando uma cova ainda mais funda para mim mesmo. Resumindo, para que eu não tenha que percorrer todos os passos da descida para o desastre – em pouco tempo a festa acabou; todos foram para casa e todos sabiam que eu a havia arruinado. É assim, ao menos, com culpa, que eu me lembro do episódio.

Mais tarde, meus pais me explicaram que "turco" era (e ainda é) uma palavra pejorativa, racista, para um muçulmano bósnio. (Anos depois, eu me lembraria, mais uma vez, do meu inadvertido insulto, enquanto observava a cena de Ratko Mladič falando a uma câmera sérvia ao entrar em Srebrenica, onde ele supervisionaria o assassinato de 8 mil muçulmanos bósnios: "Esta é a mais recente vitória de uma longa guerra de 500 anos contra os turcos", ele disse.) Depois da festa de aniversário de Almir, aprendi que uma palavra como *turco* podia ferir as pessoas. Mais ainda, parecia que todos a conheciam antes de mim. O que eu disse *diferenciou* Almir, o fez se sentir excluído do grupo ao qual eu presumivelmente pertencia de forma incontestável, qualquer que fosse esse grupo. No entanto, minha piada deveria ser sobre a fragilidade da diferença – como pertencíamos ao mesmo *raja*, tendo travado muitas guerras juntos, o suéter estabelecia uma diferença evanescente, momentânea. Era possível caçoar de Almir exatamente porque não havia nenhuma diferença essencial, permanente, entre nós. Mas no instante em que você aponta uma diferença, você entra, independentemente de sua idade, em um sistema de diferenças já existente, uma rede de identidades, todas elas em última análise arbitrárias e dissociadas de suas intenções, nenhuma delas uma escolha sua. No momento em que você *diferencia* alguém, você *diferencia* a si próprio. Quando eu estupidamente fiz notar a diferença inexistente de Almir, eu me expulsei de meu *raja*.

Parte do processo de crescimento é aprender, infelizmente, a desenvolver lealdades a abstrações: o Estado, a nação, a ideia. Você declara lealdade; você ama o líder. Você tem que aprender a reconhecer e se importar com diferenças, tem que ser instruído sobre quem você *realmente* é; tem que aprender como gerações de mortos e suas façanhas incompreensíveis o fizeram como você é; você tem que definir sua lealdade a uma comunidade baseada em abstrações que transcende sua individualidade. Por conseguinte, é difícil manter o *raja* como uma unidade social, sua lealdade a ele – ao "nós" tão concreto que eu (ainda) poderia fornecer uma lista de nomes que o constituiu – já não é aceitável como um compromisso sério.

Não posso honestamente afirmar que meu insulto estivesse diretamente relacionado ao fato de nossas guerras e os dias dourados da soberania de nosso Park terem terminado logo depois. Em determinado ponto, todos os conflitos com os outros *rajas* foram resolvidos jogando futebol, no que não éramos tão bons assim. Ainda não conseguíamos vencer Zeko e seu time, porque tinham o poder de determinar o que constituía uma falta ou um gol. Não ousávamos tocar neles e, quando marcávamos um gol, ele era sempre anulado.

Quanto a Almir, ele não jogava bem futebol e se envolveu cada vez mais com a Bijelo Dugme, uma banda que eu iria detestar para sempre. Ele logo atingiu um ponto em sua vida em que tinha acesso às garotas. Ele começou a levar uma vida diferente de nossas vidas de infância, tornando-se uma pessoa diferente de nós muito antes de podermos fazer o mesmo. Não sei onde está agora ou o que aconteceu a ele. Já não pertencemos a "nós".

3. NÓS CONTRA ELES

Em dezembro de 1993, minha irmã e meus pais chegaram como refugiados em Hamilton, Ontário. Nos dois primeiros meses, meus pais frequentaram cursos de inglês, enquanto Kristina trabalhava no Taco Bell, um fornecedor de fast food étnico, ao qual ela gostava de se referir como Taco Hell. A vida era muito complicada para eles, com a língua que meus pais não conseguiam falar, o choque geral do deslocamento e um clima frio, extremamente hostil a interações humanas aleatórias. Para meus pais, encontrar um trabalho era uma assustadora operação de grandes proporções, mas Hamilton é uma cidade de usinas siderúrgicas, fervilhante de imigrantes em busca de trabalho, onde muitos dos nativos são a primeira geração de canadenses e, portanto, de uma maneira geral hospitaleira e amistosa com seus novos compatriotas. Logo meus pais conseguiram achar emprego – meu pai em uma siderúrgica, minha mãe como superintendente em um grande prédio de apartamentos, em que muitos dos inquilinos eram nascidos no estrangeiro.

No entanto, dentro de poucos meses meus pais começaram a catalogar as diferenças entre nós e eles – *nós* sendo os bósnios ou ex-iugoslavos, *eles* sendo puramente canadenses. Essa lista de diferenças, teoricamente infindável, incluía itens como creme de leite azedo (nosso creme de leite azedo – *mileram* – era mais cremoso e mais saboroso do que o deles); sorrisos (eles sorriem, mas não são sorrisos genuínos); bebês (eles não enrolam bem seus bebês no frio rigoroso); cabelos molhados (eles saem com os cabelos molhados, tolamente se expondo à possibilidade de grave inflamação do cérebro); roupas (as roupas deles se desfazem depois de algumas lavagens) etc. Meus pais, é claro, não eram os únicos obcecados com as diferenças. Na verdade, sua vida social no começo de sua residência no Canadá consistia em grande parte em se encontrar com pessoas do seu país natal e trocar e discutir as distinções percebidas. Certa vez, fiquei ouvindo um amigo da família com o que se poderia muito bem chamar de perplexidade enquanto ele descrevia uma série de diferenças originadas de sua observação de que *nós* gostamos de cozinhar nossa comida em fogo lento por um longo tempo (*sarma*, rolinhos de repolho, sendo o exemplo perfeito), enquanto *eles* apenas mergulham o alimento em óleo fervente e o cozinham em um piscar de olhos. Nossa propensão a cozinhar em fogo brando refletia nosso amor pela comida e, por extensão e obviamente, nosso amor pela vida. Por outro lado, *eles* não sabiam realmente viver, o que apontava para a diferença derradeira e transcendental – *nós* tínhamos alma e *eles* não. O fato de – ainda que a análise da preparação da comida fizesse algum sentido – *eles* também não terem nenhum interesse em cometer atrocidades e de *nós* estarmos no meio de uma guerra brutal e sangrenta, o que sob nenhuma circunstância podia ser interpretado como amor pela vida, de modo algum perturbava o bom analista.

Com o tempo, meus pais pararam de examinar compulsivamente as diferenças, o que se poderia atribuir simplesmente ao fato de terem esgotado os exemplos. Eu gostaria de pensar, entretanto, que fosse porque eles estavam socialmente integrados, considerando-se que a família havia se expandido ao longo dos anos com mais imigrações e subsequentes casamentos e procriação, de modo que agora incluíamos um número significativo de canadenses nativos, além de todos os naturalizados. Tornou-se mais difícil falar sobre *nós* e *eles*, agora que conhecemos e nos casamos com alguns deles – a clareza e o significado das diferenças sempre foram contingentes à ausência de contato e proporcionais à distância mútua. Só era possível teorizar sobre os canadenses se você não interagisse com eles, pois então os veículos de comparação eram os canadenses ideais, abstratos, a contraprojeção exata de *nós*. *Eles* eram os não nós, *nós* éramos os não eles.

A principal razão para essa diferenciação teórica espontânea tinha suas raízes no desejo de meus pais de se sentirem em casa, onde você pode ser você mesmo porque todos os demais se sentem em casa, exatamente como você. Em uma situação em que meus pais se sentissem deslocados e inferiores aos canadenses, que estavam à vontade em sua própria casa, a comparação constante era um meio de se igualarem a eles de uma maneira retórica. Podíamos ser iguais a eles porque podíamos nos comparar a eles; também tínhamos nossa casa. Nossos costumes eram ao menos tão bons quanto os deles, se não melhores – veja nosso creme de leite azedo ou a lenta e filosófica preparação do *sarma*. Sem mencionar que eles nunca conseguiam entender nossas piadas ou que as piadas deles não têm graça para nós.

Mas a autolegitimação instintiva de meus pais só podia ser coletiva, porque essa era a bagagem que eles haviam trazido de sua terra natal, onde a única maneira de ser legítimo socialmente era pertencendo a um coletivo identificável – um *raja* maior, ainda que mais abstrato. Também não ajudava o fato de uma autolegitimação alternativa – digamos, se definir e se identificar como professor – não estar mais disponível para eles, já que suas carreiras ilustres se desintegraram no processo de deslocamento.

O engraçado é que a necessidade de autolegitimação coletiva se encaixa perfeitamente no discurso neoliberal do multiculturalismo, que não é nada senão o sonho de muitos *outros* vivendo juntos, todos felizes em tolerar e aprender. As diferenças são, portanto, um requisito essencial para a legitimidade: desde que saibamos quem somos e quem não somos, *nós* somos tão bons quanto *eles*. No mundo multicultural há muitos *eles*, o que não deve constituir um problema desde que permaneçam dentro de seus limites culturais, leais às suas raízes. Não há hierarquia de culturas, exceto quando medida pelo nível de tolerância na cultura, o que, incidentalmente, mantém as democracias ocidentais muito acima de todas as outras. E onde o nível de tolerância é alto, a diversidade pode ser celebrada e a comida étnica excêntrica pode ser explorada e consumida (Bem-vindo ao Taco Hell!), guarnecida com a pureza exótica da diversidade. Uma simpática senhora americana disse-me entusiasticamente certa vez: "É *tão* bacana pertencer a outras culturas", como se as "outras culturas" fossem um arquipélago paradisíaco no Pacífico, intocado pelos problemas das civilizações avançadas, lar de muitos spas da alma. Não tive coragem de lhe dizer que eu era muitas vezes dolorosamente e às vezes felizmente complicado.

4. ESTE SOU EU

A situação de imigração leva também a uma espécie de auto-exclusão. O deslocamento resulta em uma relação tênue com o passado, com o eu que costumava existir e funcionar em um lugar diferente, onde as qualidades que nos constituíam eram evidentes por si mesmas e, portanto, dispensavam negociação. A imigração é uma crise ontológica, porque você é forçado a negociar as condições de sua individualidade sob circunstâncias existenciais perpetuamente diferentes. A pessoa deslocada se esforça por uma estabilidade narrativa – Eis a minha história! – através de uma nostalgia sistemática. Meus pais incessante e favoravelmente comparavam-se a canadenses, precisamente porque se sentiam inferiores e ontologicamente abalados. Foi a maneira que encontraram de contar uma história verdadeira de si mesmos, para eles mesmos ou qualquer pessoa disposta a ouvir.

Por outro lado, há uma realidade inevitável do eu transformado pela imigração – quem quer que tenhamos sido, agora estamos divididos entre *nós-aqui* (digamos, no Canadá) e *nós-lá* (digamos, na Bósnia). Porque *nós-aqui* ainda vemos o *nós* atual como coerente com o *nós* anterior, agora predominantemente vivendo na Bósnia. Nós só conseguimos ver a nós mesmos do ponto de vista de *nós-lá*. Do ponto de vista de seus amigos em Sarajevo, meus pais, apesar de seus exaustivos esforços de diferenciação, são ao menos em parte canadenses, e por isso não podem deixar de ser olhados com cautela. Meus pais se tornaram canadenses e seus amigos lá podem ver isso porque eles permaneceram bósnios o tempo todo.

A pressão inevitável de integração anda de mãos dadas com uma visão de uma vida que meus pais poderiam viver se *fossem* perfeitamente canadenses. Todos os dias, meus pais veem os canadenses vivendo o que na linguagem do deslocamento é chamado "vida normal", a qual é fundamentalmente inacessível a eles apesar de todas as promessas integracionistas. Eles estão muito mais perto dela do que qualquer um de *nós* lá no país natal, de modo que podem se imaginar vivendo uma vida canadense normal – meus pais podem ver a si próprios como os outros, quando menos porque despenderam tanto tempo e esforço se comparando com eles. No entanto, eles nunca poderão ser *eles*.

A melhor crítica teórica sobre esse assunto é uma piada bósnia, que perde um pouco de seu impacto na tradução, mas retém uma excepcional (e típica) clareza de pensamento:

Mujo deixou a Bósnia e imigrou para os Estados Unidos, para Chicago. Ele escrevia regularmente para Suljo, tentando convencê-lo a visitá-lo nos Estados Unidos, mas Suljo sempre recusava, relutante em deixar seus amigos e seu *kafana* (*kafana* é um café, bar, restaurante ou qualquer outro lugar onde se pode passar muito tempo sem fazer nada, enquanto se consome café ou bebida alcoólica). Após anos de insistência, Mujo finalmente o convence a vir. Suljo atravessa o oceano e Mujo o espera no aeroporto em um enorme Cadillac.

– De quem é esse carro? – Suljo pergunta.

– É meu, é claro – diz Mujo.

– É um carro espetacular – Suljo diz. – Você se saiu muito bem.

Eles entram no carro e se dirigem ao centro da cidade. Mujo diz:

– Está vendo aquele prédio lá, de 100 andares?

– Estou – responde Suljo.

– Bem, aquele prédio é meu.

– Ótimo – Suljo diz.

– E vê aquele banco no térreo?

– Sim.

– É o meu banco. Quando preciso de dinheiro, vou lá e simplesmente tiro quanto eu quiser. E vê o Rolls-Royce estacionado na frente do banco?

– Vejo.

— É o meu Rolls-Royce. Tenho muitos bancos e um Rolls-Royce estacionado em frente a cada um deles.

— Parabéns — Suljo diz. — Isso é muito bom.

Saem da cidade em direção aos subúrbios, onde as casas têm magníficos gramados e as ruas são orladas de antigas árvores. Mujo aponta para uma casa, tão grande e branca quanto um hospital.

— Está vendo aquela casa? É a minha casa — diz Mujo. — E vê a piscina olímpica, ao lado da casa? É minha. Eu nado lá todos os dias de manhã.

Há uma mulher maravilhosa, curvilínea, tomando sol junto à piscina, e há um menino e uma menina nadando alegremente.

— Está vendo aquela mulher? É a minha mulher. E aquelas crianças lindas são meus filhos.

— Muito bem — Suljo diz. — Mas quem é aquele rapaz bronzeado, musculoso, massageando sua mulher e beijando seu pescoço?

— Bem — diz Mujo —, aquele sou eu.

5. QUEM SÃO ELES?

Também há uma abordagem neoconservadora à diversidade: os outros são toleráveis desde que não estejam tentando se juntar a nós ilegalmente. Se já estão aqui, e legalmente, também precisam se adaptar ao nosso estilo de vida, aos bem-sucedidos padrões há muito estabelecidos. A distância que os outros estão de nós é medida por sua relação com nossos valores, que são evidentes para nós (mas não para eles). Os outros sempre nos fazem lembrar quem *nós* realmente somos — nós não somos eles e nunca seremos, porque somos natural e culturalmente inclinados para o livre mercado e para a democracia. Alguns deles gostariam de ser nós – quem não gostaria? – e podem até se tornar nós, se *eles* forem sábios o suficiente para ouvir o que *nós* lhes dizemos. E muitos deles nos odeiam, simplesmente por capricho.

George W. Bush, em um discurso a professores e alunos de uma faculdade de Iowa, em janeiro de 2000, resumiu sucintamente a filosofia neoconservadora da diversidade a seu próprio modo, inimitavelmente idiota, mas notavelmente preciso: "Quando eu estava surgindo, o mundo era perigoso e você sabia exatamente quem eram eles. Éramos nós contra eles e era claro quem eram eles. Hoje, não temos tanta certeza de quem são esses *eles*, mas sabemos que estão lá."

E então esses *eles* entraram voando em 11 de setembro de 2001 e agora *eles* estão em toda parte, inclusive na Casa Branca, por meio de uma certidão de nascimento falsa. De vez em quando, *nós* os recolhemos, os levamos para a baía de Guantánamo em voos secretos ou os prendemos em ataques de surpresa e os deportamos ou exigimos que declarem inequivocamente que *eles* não são eles. E quem quer que *eles* sejam, *nós* precisamos vencer a guerra contra eles de modo que possamos triunfalmente ficar sozinhos no mundo.

6. O QUE VOCÊ É?

Eis uma história que gosto de contar. Eu a li em um jornal canadense, mas já a contei tantas vezes que de vez em quando parece que a inventei.

Um professor canadense de ciência política foi para a Bósnia durante a guerra. Ele nascera em algum lugar na antiga Iugoslávia, mas seus pais emigraram para o Canadá quando ele era pequeno, o que quer dizer que tinha um nome reconhecidamente eslavo meridional. Na Bósnia, equipado com um passaporte canadense e um salvo-conduto da UNPROFOR (Força de Proteção das Nações Unidas), ele circulou com seguranças armados, de capacetes azuis, inteiramente protegido da guerra para poder estudá-la. Com seu passaporte canadense e seu salvo-conduto da UNPROFOR, ele passou por muitos postos de controle. Mas foi parado em um deles, e a curiosidade dos soldados foi despertada pela incongruência de um nome eslavo meridional em um passaporte canadense, então lhe perguntaram: "O que você é?" Sua adrenalina sem dúvida estava alta, ele deve ter ficado bastante aterrorizado e confuso, então disse: "Sou um professor." Para os guerreiros patrióticos no posto de controle, sua resposta deve ter indicado uma inocência infantil, pois eles certamente não haviam lhe perguntado sobre sua profissão. Devem ter rido ou contado histórias sobre ele depois que o deixaram ir. Ele deve ter parecido completamente irreal para os soldados.

Para poder ser compreensível como uma unidade do gênero humano aos homens etnicamente corajosos no posto de controle, ele tinha que ter uma identificação étnica definida, na verdade óbvia; a etnia do professor era a única informação relevante a seu respeito. O que ele sabia ou não sabia no campo da ciência política e da pedagogia era histericamente irrelevante naquela parte do mundo subdividida por vários e simultâneos sistemas de diversidade étnica – os quais, na verdade, não a torna muito diferente de qualquer outra parte do mundo. O professor tinha que se definir em relação a algum "outro", mas não conseguiu pensar em nenhuma diversidade naquele momento.

Para ser um professor outra vez, ele teve que voltar ao Canadá, onde pode ter se encontrado com meus pais, para quem ele teria sido um perfeito espécime de um deles.

7. O QUE EU SOU?

Minha irmã voltou para Sarajevo depois da guerra e trabalhou ali, com um passaporte canadense. Por causa da natureza de seu trabalho como analista política, ela se encontrou com muitos políticos e oficiais estrangeiros e domésticos. Brandindo um nome um pouco confuso etnicamente, falando bósnio e inglês, era um pouco difícil identificá-la e, por isso, sempre lhe perguntavam, tanto os habitantes locais como os estrangeiros: "O que você é?" Kristina é valente e atrevida (tendo sobrevivido a uma tentativa de assassinato no começo da vida), de modo que ela imediatamente perguntava de volta: "E por que pergunta?" Perguntavam, é claro, porque precisavam saber qual era sua etnia, a fim de saber o que ela estava pensando e, assim, poderem determinar que grupo étnico ela realmente estava representando, quais suas verdadeiras intenções. Para eles, ela era irrelevante como pessoa, ainda mais como mulher, conquanto sua educação ou capacidade de pensar por si mesma jamais poderia ultrapassar ou transcender sua maneira de pensar etnicamente definida. Ela estava irremediavelmente enredada em suas raízes, por assim dizer.

A pergunta era, de forma óbvia, profundamente racista, de modo que alguns dos estrangeiros culturalmente sensíveis no começo ficavam constrangidos com sua contrapergunta, mas após alguma hesitação, continuavam a pressionar, enquanto os habitantes locais simplesmente continuavam a pressionar sem hesitação – o conhecimento de minha irmã, sua própria existência era incompreensível enquanto ela não se declarasse etnicamente. Por fim, ela dizia: "Sou bósnia", o que não é uma etnia, mas uma de suas duas cidadanias – uma resposta profundamente insatisfatória para os burocratas internacionais da Bósnia, corajosamente servindo em escrivaninhas do governo e restaurantes caros.

Instruído pelas experiências de minha irmã, sou frequentemente tentado a responder com orgulho "Sou um escritor", quando me perguntam "O que você é?". Mas raramente o faço, porque não só é pretensiosamente tolo, como também incorreto – sinto-me como um escritor somente quando estou escrevendo. Então digo que sou complicado. Gostaria ainda de acrescentar que não sou nada além de um emaranhado de perguntas irrespondíveis, um feixe de outros.

Gostaria de dizer que é muito cedo para saber.

SOM E VISÃO
■ ■ ■

Meu pai passou alguns anos no Zaire no começo da década de 1980, construindo a rede elétrica de Kinshasa, enquanto minha mãe, Kristina e eu ficamos em casa, em Sarajevo. No verão de 1982, ele voltou para nos levar ao Zaire para férias de seis semanas, que deveriam incluir um safári. Eu tinha 17 anos, Kristina era quatro anos mais nova. Nós nunca havíamos viajado ao exterior, de modo que passamos noites insones imaginando tudo que iríamos vivenciar naquele verão. Os dias, entretanto, eu passava vendo a Copa do Mundo de futebol, já que eu havia vetado a possibilidade de ir a qualquer lugar antes do final do campeonato. Depois que a Iugoslávia foi, como sempre, eliminada logo no começo, e de forma constrangedora, passei a torcer entusiasticamente pela seleção italiana. Poucos dias antes de partirmos, assisti à final da Copa do Mundo, em que a Itália venceu lindamente a Alemanha por 3 a 1.

Terminada a competição, partimos para a África. A primeira parada foi na Itália, já que deveríamos pegar um voo da Air Zaire para Kinshasa no aeroporto de Fiumicino, em Roma. No aeroporto, descobrimos que o voo fora cancelado sem maiores explicações até segunda ordem. Meu pai cuidou de tudo: discutiu com os funcionários da Air Zaire; pegou nossas malas de volta; mostrou nossos passaportes na alfândega italiana. Deveríamos aguardar nosso voo em um hotel numa cidade próxima, para onde tomamos um ônibus superlotado.

Kristina e eu estávamos impacientes para ver em que consistia toda aquela confusão de estar fora do país. O que vimos durante a curta viagem de ônibus não foi nem um pouco impressionante: prédios indefiníveis com bandeiras italianas hasteadas, vitrines de lojas exibindo fotos da seleção nacional de futebol, a Azzuri. Sempre pronto a ver o lado bom de todas as coisas, meu pai nos prometeu que iríamos a Roma, a meia hora de distância de trem, assim que tivéssemos nos instalado no hotel. Ele era nosso líder no estrangeiro: falou em inglês ruim e severo com a equipe do aeroporto; localizou o ônibus de transporte de passageiros e nos colocou a bordo; trocou dinheiro e dispensava-o de sua pequena carteira com a confiança de um homem acostumado a moedas estrangeiras. Kristina e eu o observávamos orgulhosamente, enquanto ele negociava dois quartos para a família Hemon. Ele era ostensivamente alto em sua camisa azul, piscando para nós, perfeitamente à vontade com as questões mundanas que se apresentavam.

Mas em seguida, repentinamente, áreas escuras de suor apareceram em sua camisa e ele começou a andar freneticamente de um lado para outro no saguão. Sua carteira havia desaparecido. Ele correu para fora, para ver se a havia deixado no ônibus, mas este também já fora embora. Em um inglês ininteligível, ele gritou com o recepcionista. Interrogou aleatoriamente hóspedes e funcionários do hotel que por acaso entravam no saguão. Sua camisa agora estava inteiramente molhada de suor; ele parecia na iminência de um ataque do coração. Mamãe, que antes andava pelo salão revirando um cubo de Rubik, tentou acalmá-lo. Ainda tínhamos os passaportes, ela disse; somente nosso dinheiro em espécie fora roubado. (Provenientes da terra prometida do socialismo, não tínhamos cartões de crédito.) *Milhares de dólares americanos*, compreendemos, horrorizados, Kristina e eu. *Todo o dinheiro das nossas férias.*

Assim, nos vimos sem um tostão em uma obscura cidade italiana, impossibilitados de ir a Roma em uma viagem de um dia, quanto mais à África para um safári. A possibilidade de termos simplesmente que desistir e retornar a Sarajevo era real e devastadora. O hotel dava para um longo muro, por trás do qual árvores feias e ressequidas espreitavam os turistas desnorteados. Papai começou a dar telefonemas, informando a seus colegas de trabalho no Zaire que estávamos retidos, sem dinheiro, em algum lugar da Itália, esperando que pudessem ajudar-nos a sair da Itália ou encontrar um modo de nos enviar de volta a Sarajevo ou prosseguir viagem para o Zaire. No processo, ele descobriu que o voo de Kinshasa fora cancelado porque um general do exército do Zaire batera as botas e o ditador Mobutu requisitara as três aeronaves internacionais da Air Zaire para levar sua enorme comitiva ao funeral.

No dia seguinte, meu pai ainda analisava obsessivamente cada momento da azarada viagem do aeroporto à recepção do hotel, refazendo cada passo, a fim de determinar em que ponto o astuto ladrão atacara, o que o ajudaria a identificá-lo. Já estando quase sem camisas limpas, ele por fim chegou à conclusão de que o roubo se dera no balcão de recepção do hotel e reconstruiu a sequência completa dos acontecimentos: meu pai colocara sua carteira em cima do balcão, enquanto preenchia os formulários, e, quando se virou para piscar para nós, o recepcionista a deslizara para baixo do balcão. Em consequência, meu pai instalou-se no saguão, monitorando atentamente o recepcionista – um rapaz bonito, de ar inocente – e esperando que ele cometesse um erro revelador.

Kristina e eu não tínhamos nada para fazer. Ouvimos nosso Walkman, que podíamos compartilhar porque possuía duas saídas para fones de ouvido. Tentamos ver TV em nosso quarto, mas até os filmes eram dublados em italiano (apesar do fato nos proporcionar uma preciosa imagem de John Wayne entrando em um *saloon* cheio de bandidos e dizendo: *"Buon giorno!"*). Vagamos pela cidadezinha sem nome, empolgados, apesar de tudo, por estarmos conhecendo o mundo: havia um leve cheiro do Mediterrâneo, como se a cidade ficasse à beira-mar; a extravagante variedade de tipos de massa na loja da esquina; o vermelho intenso dos tomates e o barulho do escambo no mercado local; lojas abarrotadas de produtos que os adolescentes socialistas tanto almejavam (rock, jeans, *gelato*); tavernas cheias de homens barulhentos vendo reprises dos jogos da Copa do Mundo e revivendo a vitória. (Eu queria assistir às finais outra vez, ver Marco Tardelli comemorando aos berros depois de marcar o segundo gol, mas Kristina se opôs.) Quando tudo se fechou para a *siesta* do meio-dia, seguimos um grupo de jovens bronzeados, presumindo que seu destino final era a diversão, até acabarmos em uma praia inteiramente inesperada, onde descobrimos que a cidade se chamava Óstia e que, de fato, ficava no litoral.

Ao retornar de nossa expedição, ansiosos para dar as boas notícias, Kristina e eu encontramos nosso pai suando como um porco histérico e olhando furiosamente para o recepcionista de um canto distante do saguão – um verdadeiro autonomeado detetive de hotel. Apesar de ter feito alguns turnos de vigília, não conseguira pegar o suspeito no ato de roubar, nem obter qualquer prova contra ele. De onde estávamos, sua aura de liderança ficou melancolicamente prejudicada. Quando anunciamos que havíamos descoberto água salgada, mamãe finalmente abandonou seu cubo Rubik e assumiu o controle.

Primeiro, fomos a uma joalheria que encontramos logo depois da esquina, onde ela vendeu seu cordão de ouro favorito após uma negociação difícil. Depois, ela distribuiu o dinheiro; papai, por motivos óbvios, não recebeu nenhum na ocasião. Kristina e eu fomos imediatamente à loja de discos, que já havíamos visitado; juntamos nosso dinheiro para comprar uma fita cassete de *Low*, de David Bowie. Quando voltamos sem dinheiro, minha mãe nos informou que estávamos convocados a participar de um passeio de família à noite. Ainda guardo com carinho a lembrança, com todos os cheiros, sons e visões, daquela noite em que os Hemon passearam languidamente ao longo do Lido, naquela noite, *como se estivessem de férias*, os pais de mãos dadas, *como se estivessem apaixonados*, os filhos lambendo *gelato* comprado com o ouro da família.

No meio de uma catástrofe, os Hemon sempre conseguiam encontrar algum arremedo de alegria.

No dia seguinte, papai anunciou que iríamos voar para Bruxelas, de onde poderíamos pegar um voo noturno para Kinkasha – com o general enterrado, Mobutu liberara o avião. Quando deixávamos o hotel, ele lançou um último olhar fulminante de sublime ódio para o recepcionista, mas Kristina e eu ficamos estranhamente tristes por estar partindo. Em um prédio do outro lado da rua, em frente ao hotel, um entusiasmado *tifoso* de futebol desfraldara uma enorme bandeira, do mesmo tom de azul da camisa manchada de suor de meu pai, que dizia: "*Grazie, Azzuri.*"

Passamos um dia em Bruxelas, admirando reluzentes free-shops e banheiros impecavelmente limpos. À noite, finalmente embarcamos no voo para a África. Presos ao Walkman, Kristina e eu ouvimos o belo álbum de Bowie. Voando ao longo da linha divisória entre a noite e o pôr do sol, de um lado podíamos ver a mais completa escuridão e do outro um horizonte em chamas espetaculares. Em Óstia, algo despertou em nós e *Low* era a trilha sonora para o que éramos agora, mudados, mais experientes. Naquela noite, não conseguimos dormir, virando a fita cassete para a frente e para trás, até as pilhas do Walkman acabarem. "Você às vezes não se pergunta", Bowie cantou durante toda a viagem até Kinshasa, "sobre som e visão?"

JANTAR EM FAMÍLIA

■ ■ ■

1

Na minha adolescência, meus pais retornavam do trabalho por volta das 15:45, de modo que o jantar em família – que chamávamos de *ručak*, que significa almoço – era às 16 horas. O rádio sempre estava ligado para o noticiário das 16 horas, descrevendo os desastres internacionais e os sucessos socialistas domésticos. Minha irmã e eu éramos submetidos a um interrogatório sobre assuntos de escola e nunca podíamos comer em silêncio, muito menos ler ou ver TV. Qualquer conversa que entabulássemos tinha que ser encerrada para o boletim de previsão do tempo às 16:25; o jantar acabava às 16:30. Éramos obrigados a terminar tudo que estivesse no prato e agradecer a nossa mãe pelo trabalho. Em seguida, todos se retiravam para um cochilo, depois do qual fazíamos um lanche com café e bolo, às vezes com uma discussão.

Minha irmã e eu considerávamos as refeições em família um meio de opressão de nossos pais. Sempre nos queixávamos:

a sopa estava salgada demais, as ervilhas eram servidas quase todo dia, os meteorologistas obviamente mentiam, o bolo era muito sem graça. Para nós dois, a experiência de jantar ideal envolvia simultaneamente *ćevapi* (linguiças sem pele grelhadas, uma espécie de fast food bósnio), revistas em quadrinhos, música alta, TV e a ausência de nossos pais e de previsão meteorológica.

Em outubro de 1983, aos 19 anos, fui alistado no Exército do Povo da Iugoslávia e servi em Štip, uma cidade no Leste da Macedônia que, fora os acampamentos militares, era a sede de uma fábrica de chicletes. Eu estava na infantaria, onde a principal abordagem de treinamento era a incessante humilhação, a começar pela maneira como éramos alimentados. Na hora das refeições, fazíamos uma fila em uma ampla pista de asfalto – onde nossa fome era exacerbada pelos aromas de chiclete no ar –, respondíamos à chamada e depois marchávamos para dentro do refeitório, unidade por unidade, soldado por soldado, para deslizar nossas grudentas bandejas pelo trilho, cada qual tentando pensar em uma maneira de obter uma fatia maior de pão do poderoso e impiedoso pessoal da cozinha.

As opções do cardápio eram fantasticamente limitadas, imprimindo em nossa mente a característica básica de *porção* – nenhuma das opções jamais podia ser a sua. Para o café da manhã, fora um pão seco, recebíamos um ovo cozido, um pacotinho de margarina rançosa, de vez em quando um pedaço de bacon gorduroso, grosso e não defumado (se você fosse bastante habilidoso e rápido, o que eu não era, podia pedir a um muçulmano que lhe desse o seu); engolíamos tudo com chá doce e morno ou leite condensado diluído, em copos de plástico que haviam absorvido gordura para toda a eternidade. O almoço sempre exigia o uso de uma colher; o prato mais comum e mais apreciado (que eu detestava profundamente) era uma grossa sopa de feijão – com minúsculos brotos que se pareciam exatamente com larvas – porque saciava os futuros heróis e ensejava uma enciclopédia de piadas de peidos, inclusive com efeitos sonoros. O jantar consistia em sobras modificadas do almoço, a não ser que fosse exatamente o mesmo do almoço (certa vez, tivemos ervilhas por nove refeições consecutivas), mais uma tigelinha engordurada de um preparado à base de ameixas secas, para prisão de ventre. Mesmo que quiséssemos conversar, não havia tempo para isso, pois tínhamos que devorar a horrível gororoba e esvaziar o lugar para a faminta unidade seguinte. Havia um boato recorrente de que acrescentavam brometo à comida para manter os soldados dóceis e as ereções baixas.

Essas eram as refeições boas. Ansiávamos por elas quando deixávamos o quartel para sermos posicionados nas áridas planícies da Macedônia e ensaiar sacrificar nossas vidas para barrar o fluxo da invasão estrangeira. Entre uma e outra hipotética vitória heroica, bebíamos sofregamente misturas indefinidas de nossos cantis ou roíamos ruidosamente o conteúdo de nossos pacotes de comida pronta: bolachas bolorentas, latas de atum velhas, frutas secas impenetráveis. Perpetuamente faminto, recordava-me dos jantares da minha família antes de dormir e elaborava sofisticados cardápios futuros que incluíam cordeiro assado, crepes de queijo e presunto ou a torta de espinafre de minha mãe. A fantasia apenas me deixava mais faminto e mais deprimido.

Além de nos preparar brutalmente para as agruras da idade adulta, o exército deveria ser uma grande família, uma comunidade viril unida pela lealdade e pelo companheirismo, compartilhando tudo. Na realidade, porém, em nenhum momento praticávamos nada sequer parecido com compartilhamento, a não ser se contássemos os peidos. Você nunca, jamais, compartilhava um pacote de guloseimas que lhe mandavam de casa, nem deixava qualquer alimento em seu armário, já que era proibido trancá-lo – nos alojamentos do Exército do Povo da Iugoslávia, o furto já era praticado para as guerras futuras. O que você não conseguia comer sozinho, trocava por meias ou camisas limpas, por um banho extra ou um turno diurno de vigia. Alimentos não deviam ser compartilhados, por serem uma mercadoria de sobrevivência. Eu não tinha dificuldade de me imaginar enfrentando heroicamente o inimigo estrangeiro somente para receber um tiro nas costas e morrer pela lata de atum em meu bolso.

O único que voluntariamente partilhava sua comida era o soldado de minha unidade que logo depois de sua chegada iniciou uma greve de fome porque não queria prestar serviço militar. Os oficiais o ignoraram, presumindo que estivesse blefando, mas ele começou a perder as forças rapidamente e logo ficou claro para todos nós que ele falava a sério e pretendia ir até o fim. Mas os oficiais passavam os dias estupidamente convencidos de que podiam acabar com sua tática fingida. Assim, apesar de fraco como estava, ele tinha que se apresentar para a chamada e a refeição subsequente, de modo que alguns colegas sempre tinham que segurá-lo em pé na fila e depois arrastá-lo para o refeitório. Repentinamente, ele passou a ter inúmeros amigos do peito, determinados a não deixar que seu quinhão de comida fosse desperdiçado. Ansiosos para se apoderarem de sua comida, seus acompanhantes brigavam por um ovo cozido ou uma tigela de feijão, enquanto ele sorria com os olhos fechados, o rosto emaciado apoiado na mesa. Ele podia estar delirante, mas eu achava que ele visualizava o jantar em casa com sua família. Alguns dias depois, desapareceu e eu nunca soube o que aconteceu a ele. Espero que tenha voltado para casa, onde quer que fosse.

Alguns meses após meu recrutamento, minha mãe e minha irmã fizeram uma viagem de dois dias de Sarajevo para me visitar no fim de semana. Na época, eu estava alocado em Kičevo, na Macedônia ocidental, em treinamento para motorista de caminhão. O tempo cumpriu uma previsão funesta, de modo que passamos os dois dias em um deplorável hotel. Mamãe arrastara malas carregadas de comida pelos inúmeros trens desde Sarajevo e trouxera com ela um verdadeiro banquete: *schnitzels* de carne de vitela, frango frito, torta de espinafre, até um pudim. Ela estendeu uma toalha em cima da cama, já que não havia mesa, e eu comi nas próprias marmitas, a maior parte com os próprios dedos. A primeira mordida na torta de espinafre levou lágrimas aos meus olhos e eu silenciosamente jurei que, daquele dia em diante, sempre respeitaria a santidade de nossas refeições em família. Desnecessário dizer que não cumpri inteiramente a minha promessa, mas conforme a mistura perfeita de espinafre, ovos e queijo na massa folhada se derretia em minha boca, senti todo o amor que podia ser sentido por um rapaz de 19 anos.

2

Há mais ou menos um agitado século, meus ancestrais por parte de pai deixaram o que na época era a Galícia, a província mais a leste do Império Austro-Húngaro (agora Ucrânia ocidental), e se fixaram na Bósnia, que havia sido recentemente anexada ao domínio dos Habsburgo. Meus antepassados camponeses levaram com eles algumas colmeias, um arado de ferro, muitas canções sobre deixar a pátria e uma receita para o perfeito *borscht*, um prato antes desconhecido naquela parte do mundo.

Não havia nenhum documento escrito, é claro; carregavam a receita dentro de si mesmos, como uma canção que você aprende cantando. Nos verões da minha infância, que passei na casa dos meus avós no campo, no noroeste da Bósnia, um comitê de tias (às vezes, realmente cantando uma canção) começava bem cedo pela manhã, picando diversos legumes, inclusive beterrabas; depois, sob a supervisão de minha avó, cozinhando-os impiedosamente em um fogão a lenha na cozinha infernalmente quente. O *borscht* dos Hemon continha quaisquer legumes disponíveis na horta na ocasião – cebolas, repolho, pimentões, vários tipos de feijão e até batatas – e mais pelo menos um tipo de carne (embora, por alguma razão, nunca galinha), todos os quais ficavam roxos por causa das beterrabas, a ponto de se tornarem irreconhecíveis. Descobri que ninguém em minha família sabe exatamente o que deve entrar no *borscht*, embora haja um consenso de que deve conter beterrabas, endro e vinagre. As quantidades e proporções variam com o cozinheiro, assim como uma canção muda de acordo com o cantor. Até onde eu saiba, nunca incomodou nenhum Hemon o fato de sempre haver ao menos um ingrediente misterioso no *borscht* na mesa. (Ccnoura? Nabo? Ervilhas?) Qualquer que fosse a variação, nunca um *borscht* ruim era produzido. A acidez do vinagre, sempre refrescante no verão; os crocantes cubos de beterrabas (a beterraba é acrescentada por último); a sorte das combinações de ingredientes em cada colherada, proporcionando diferentes nuances de sabor a cada vez – comer *borscht* era sempre memorável, nunca entediante.

Ainda posso ver minha avó, a cozinheira de *borscht* sênior, com uma enorme panela fumegante nas mãos, bamboleando da cozinha para o quintal, gotas de suor deslizando de sua testa para dentro do *borscht*, para aquele derradeiro toque especial. Ela depositava o panelão na comprida mesa de madeira, onde a tribo Hemon aguardava, ansiosa de fome. Então, a sopa era servida, com ao menos um pedaço de carne para cada uma das tigelas – que não combinavam – sobre a mesa. Geralmente, éramos tantos que tínhamos que comer em turnos; em certo verão, minha irmã e eu contamos 47 pessoas na casa dos meus avós para o almoço, a maioria nossos parentes. Entre os Hemon, a intensidade com que se toma ruidosamente a sopa é proporcional à apreciação da comida, e o *borscht* naquele dia propiciou uma sinfonia.

Por mais festivo que pudesse ser, o almoço na família Hemon em sua versão campestre não era uma refeição cerimoniosa. Servida no meio de um dia de trabalho, esperava-se que o almoço nutrisse e saciasse aqueles que haviam trabalhado no campo sob o sol e iriam retornar para trabalhar até a hora do pôr do sol. Assim, o que quer que comêssemos tinha que ser simples e abundante, e o *borscht* atendia perfeitamente os requisitos. Como todos os pratos tradicionais em minha família – pierogi/*vareniky*, que são, na verdade, raviólis de batata, ou *steranka*, massa de farinha cozida no leite, cuja simples menção traz lágrimas aos olhos do meu pai –, o *borscht* é uma comida de pobre. Foi planejada (se é que foi realmente planejada, e não apenas cozida aleatoriamente) não para deliciar o paladar sofisticado, mas para garantir a sobrevivência. Qualquer coisa ingerida com colher está perto do topo da pirâmide de sobrevivência em que minha família baseia sua nutrição, e o *borscht* é, sem dúvida, o melhor exemplo. (A questão do sushi continuará a intrigar gerações de Hemon no futuro.) O *borscht* deve ser cozido em uma panela grande, deve servir muitas pessoas e deve durar bem mais do que uma refeição. (Não me lembro de jamais termos ficado sem *borscht*; a panela sempre parecia magicamente sem fundo.) É um prato cuja sobra é essencial, sempre melhor no dia seguinte. Definitivamente, não é um prato a ser preparado para duas pessoas; não se toma *borscht* no jantar com um amigo, muito menos em um encontro romântico à luz de velas, ainda que você consiga suprimir a vontade de tomar a sopa fazendo barulho. Não existe vinho que combine com ele. Um *borscht* perfeito é um prato utópico: idealmente, contém *tudo*; é produzido e consumido coletivamente; e pode ser refrigerado e requentado indefinidamente. Um *borscht* perfeito é o que uma vida deveria ser, mas nunca é.

Nos primeiros e solitários dias de minha vida em Chicago, sempre me esforçava para reproduzir os prazeres de minha vida anterior na Bósnia. Nostalgicamente, buscava um bom *borscht* – não esperava um *borscht* perfeito. Mas o que encontrei em restaurantes ucranianos ou nos supermercados, nas prateleiras de comida étnica, não passava de uma rala sopa de beterraba, e fui forçado a tentar reconstruir o *borscht* da minha família a partir das minhas confusas lembranças. Eu fazia uma panela para mim mesmo e vivia dele por uma ou duas semanas. Mas o que eu fazia nesta terra de triste abundância nunca era igual à minha lembrança. Sempre faltava ao menos um ingrediente, sem contar o misterioso. Mais importante ainda, não existe nada mais patético do que um *borscht* solitário. Fazer *borscht* apenas para mim ajudou-me a compreender a metafísica das refeições em família – a comida tem que ser preparada no fogo baixo e constante do amor e ser consumida em um ritual de indelével união e convivência. O ingrediente crucial do *borscht* perfeito é uma família grande e faminta.

O CASO KAUDERS
■ ■ ■

1. VOLENS-NOLENS

Conheci Isidora na faculdade, na Universidade de Sarajevo, em 1985. Nós dois nos transferimos para literatura geral: ela de filosofia, eu de engenharia. Estávamos no fundo da sala em uma aula de marxismo. O professor de marxismo tinha os cabelos tingidos de preto absoluto e já passara por várias instituições de saúde mental. Gostava de discursar pomposamente sobre a posição do homem no universo: o homem era como uma formiga agarrando-se a uma palha em um dilúvio bíblico, dizia, e nós éramos jovens demais para sequer começar a compreender o quanto era terrível nossa situação metafísica. Isidora e eu, assim, fomos unidos por um tédio de levar às lágrimas.

    O pai de Isidora era um famoso analista de xadrez, amigo de grandes mestres, inclusive Fischer, Korchnoi e tal. Ele narrava jogos de campeonatos mundiais e escrevia muitos livros sobre xadrez; o mais famoso era um livro para iniciantes:

Manual do xadrez (*Šahovska čitanka*), item imprescindível em qualquer ambiente doméstico que amasse o xadrez, inclusive o nosso. Às vezes, quando eu visitava Isidora, ela estava ajudando o pai a fazer a revisão das provas. Era uma tarefa maçante de reler transcrições de partidas de xadrez um para o outro (Ke4, Rd5; c8–Qb7 etc.), de modo que eles às vezes cantavam os jogos, como se atuassem em um musical de xadrez. Isidora era uma juíza de xadrez autorizada e viajava pelo mundo com seu pai, acompanhando diversos torneios. Voltava com histórias sobre todas as pessoas estranhas que conhecera, uma vez que o xadrez atrai todo tipo de figura. Certa vez, em Londres, ela me contou que conheceu um imigrante russo chamado Vladimir. Ele alegava que Kandinsky era apenas um oficial do Exército Vermelho que dirigia uma oficina de artistas anônimos e depois se apropriava de seus trabalhos como se fossem obras suas. Verdade ou não, a história insinuava que o mundo era um lugar incrivelmente interessante, mais do que poderia parecer à primeira vista, mesmo em relação a Kandinsky.

Ficávamos entediados em Sarajevo; era difícil não ficar. Tínhamos ideias, planos e esperanças que, pensávamos, podiam mudar o ranço de cidade pequena e, por fim, o mundo. Sempre tínhamos projetos inviáveis e nunca os terminávamos: certa vez, começamos a traduzir do inglês um livro sobre a Bauhaus, mas desistimos depois do primeiro parágrafo; depois, um livro sobre Hieronymus Bosch, mas nunca chegamos à segunda página – nosso inglês não era nada bom e não tínhamos nem bons dicionários nem muita paciência. Líamos e conversávamos sobre o futurismo e o construtivismo russos, atraídos pelas possibilidades revolucionárias da arte. Isidora estava constantemente inventando apresentações, em que, por exemplo, apareceríamos ao nascer do sol em algum lugar com 100 pães e faríamos cruzes com eles. Tinha algo a ver com o despertar da Nova Era e Khlebnikov, o poeta, porque o radical do nome dele, *hleb*, era a palavra comum para pão em muitas línguas eslavas. Nunca fizemos isso, é claro – só aparecer ao nascer do sol já era um obstáculo suficiente. Nos degraus do Teatro do Povo, em Saravejo, ela encenou uma apresentação baseada em *A grinalda da montanha*, o clássico poema épico sérvio, com alguns de seus amigos no elenco (embora eu não tenha participado) que estavam menos preocupados com as mensagens subversivas da performance do que com a possibilidade de um transeunte qualquer importuná-los de uma maneira particularmente ameaçadora, como era próprio dos habitantes de Sarajevo.

Por fim, encontramos um modo de colocar em prática algumas de nossas fantasias revolucionárias dentro de uma instituição da juventude socialista, que nos deu um espaço, certificou-se de que não tínhamos nenhum interesse em ser pagos e deixou claro que não deveríamos ultrapassar os limites do comportamento público decente e do respeito pelos valores da autogestão socialista. Alguns amigos se uniram a nós (Guša, agora morando em Londres; Goga, na Filadélfia; Bucko, em Sarajevo). Adornamos o espaço com slogans pintados à mão em lençóis emendados. "A quinta dimensão está sendo criada!" era um deles, tirado diretamente de um manifesto futurista russo. Havia um símbolo da anarquia e um símbolo da paz (uma concessão ao pessoal da juventude socialista) e cruzes de Kasimir Malevich, apesar de termos tido que repintar algumas delas, já que aludiam a religião aos olhos embaçados dos hippies da juventude socialista. Essa nossa empreitada chamou-se Clube Volens-Nolens, um nome ridiculamente pretensioso.

Detestávamos pretensão; era uma forma de autodepreciação. Ao planejar a noite de estreia, tivemos uma feroz discussão sobre convidar ou não a elite cultural de Sarajevo, as pessoas ociosas que compareciam a todas as estreias e cuja *culturalidade* era em parte proporcionada pelo uso de roupas italianas baratas compradas em Trieste ou de contrabandistas que trabalhavam nas ruas. Uma ideia era convidá-los, mas colocar arame farpado por toda parte, de modo que suas roupas italianas se rasgassem. Melhor ainda, podíamos fazer toda a abertura na mais completa escuridão, exceto por alguns cães desgarrados levando lanternas presas à cabeça. Seria fabuloso, concordamos, se os cachorros começassem a morder os convidados. Mas compreendemos que os hippies socialistas jamais aceitariam isso, já que teriam que convidar alguns integrantes da elite socialista para justificar todo o projeto. Chegamos ao acordo de convidar a elite, junto com alguns arruaceiros locais. Esperávamos que algumas brigas se desencadeassem, sangrando um ou dois narizes empinados.

Ah, nada disso aconteceu. Nada de cachorros, nada de mordidas, nada de brigas – muita gente compareceu à estreia, todas com boa aparência e bem-comportadas. Dali em diante, tínhamos programas toda sexta-feira. Em uma dessas sextas-feiras, houve um painel de discussão sobre alcoolismo e literatura com todos os membros bêbados, sendo o moderador o mais bêbado de todos. Em outra sexta-feira, vieram da Sérvia dois artistas de histórias em quadrinhos, para falar de sua arte e mostrar seus trabalhos em uma exposição. Um deles ficou terrivelmente bêbado, atacado pelo medo de palco, e se trancou no banheiro, recusando-se a sair. A plateia aguardava enquanto nós suplicávamos a ele que abrisse a porta. Por fim, ele se controlou, deixou a segurança do banheiro e subiu ao palco, de onde berrou para o público: "Pessoal! Qual é o problema de vocês? Não se deixem enganar por isso! Tudo isso é uma merda!" Nós adoramos. Houve outra ocasião em que projetamos um filme chamado *Rani radovi* (Primeiras obras), suspenso na Iugoslávia por pertencer a um movimento cinematográfico da década de 1960, conhecido como Onda Negra, dado a pintar um quadro não muito róseo do socialismo. Nunca fora exibido em Sarajevo e todos nós queríamos vê-lo. Assim, encontramos uma cópia, alugamos um projetor e trouxemos o diretor de Belgrado, que ficou lisonjeado pelo convite de um grupo de jovens entusiastas e bajuladores. O filme era fortemente influenciado por Godard: jovens perambulavam pelos ferros-velhos, discutindo histórias em quadrinhos e revolução, depois faziam amor com manequins, os símbolos imortais da alienação consumista. O operador – acostumado a exibir filmes levemente pornográficos, onde a narrativa lógica não interessava – trocou os rolos e exibiu-os fora da ordem. Ninguém notou, exceto o diretor, que estava presente, mas zonzo e empolgado somente pelo fato de seu filme estar sendo exibido. Organizamos uma apresentação da música de John Cage, a primeira (e possivelmente a única) já realizada em Sarajevo: tocamos discos com uma composição executada por 12 rádios berrando simultaneamente e o infame "4:33" – um período de silêncio no disco destinado a dar tempo para que a plateia criasse sua própria música incidental. A plateia, entretanto, a essa altura formada principalmente pela elite ociosa, não notou que aqueles "4:33" estavam sendo tocados, não deu a mínima para a música que estava se produzindo e, ao invés disso, continuou se embebedando alegremente. O executor, que viajara a Sarajevo abdicando das férias da família sob o risco de divórcio, colocou-se na frente do microfone. Os poucos membros da plateia que olharam para o palco viram um sujeito cabeludo comendo uma banana e uma laranja diante do microfone, executando, sem conhecimento de quase todos os presentes, a composição de John Cage adequadamente intitulada "Uma laranja e uma banana".

Era irritante não ser irritante para a elite, de modo que até nas noites em que simplesmente tocávamos discos, o objetivo era infligir dor: Guša, o DJ, tocava Frank Zappa, Yoko Ono berrando em dissonância e Einsturzende Neubaten, os excelentes músicos alemães que gostavam de usar motosserras e britadeiras para produzir música. A elite continuou inabalável, embora encolhesse em número – queríamos que estivessem lá e que estivessem lá sofrendo fortes dores mentais. Esse conceito não caiu muito bem entre os hippies socialistas.

A morte do Clube Volens-Nolens (que significa "quer queira, quer não" em latim) deveu-se ao que é geralmente chamado de "diferenças internas" – alguns de nós achavam que havíamos feito concessões demais: a descida da ladeira escorregadia da mediocridade burguesa (a versão socialista) claramente havia começado quando desistimos dos vira-latas com lanternas. Antes de cancelarmos tudo, pensamos em ter vira-latas, dessa vez raivosos, para a noite de encerramento. Mas o Clube Volens-Nolens saiu de cena com um ganido, em vez de um latido furioso.

Após sua morte, recaímos no tédio geral. Eu atarefadamente escrevia uma poesia de autopiedade, por fim acumulando cerca de mil poemas horríveis, cujo assunto se alternava entre tédio e falta de sentido, com uma pitada de imagens alucinatórias de morte e suicídio. Como muitos jovens criados no conforto do socialismo, eu era um niilista, morando com meus pais. Até pensei em começar uma Antologia de Poesia Irrelevante, sentindo que era minha única esperança de um dia figurar em uma antologia. Isidora apoiou a ideia, mas o projeto não deu em nada, apesar de obviamente haver poesia irrelevante por toda a volta. Não havia nada para fazer, e estávamos rapidamente ficando sem meios de realizar qualquer coisa.

2. A FESTA DE ANIVERSÁRIO

O vigésimo aniversário de Isidora estava próximo, e ela – sempre avessa a agir da maneira comum – não queria que fosse uma comemoração do tipo bebidas-salgadinhos-alguém transando no banheiro. Achava que deveria ter a forma de performance artística. Não conseguia se decidir se deveria ser um evento moldado em uma "orgia *à la* Fourrier" (a ideia que eu preferia) ou um coquetel nazista, cujo modelo podia ser encontrado nos filmes patrioticamente adequados da Iugoslávia socialista: os alemães, todos arrogantes e decadentes filhos da mãe em uniformes impecáveis, oferecendo uma festa suntuosa, mais ou menos em 1943, enquanto prostitutas locais e "traidores domésticos" lambiam suas botas altas e reluzentes, exceto um jovem espião comunista que se infiltrara no círculo mais restrito e que os faria pagar no final. Por alguma infeliz razão, a festa nazista venceu a da orgia. A festa de aniversário realizou-se em 13 de dezembro de 1986. Os rapazes usaram camisas pretas e passaram brilhantina nos cabelos. As moças usaram vestidos que se aproximavam razoavelmente dos trajes de época, exceto minha irmã adolescente, que foi escalada como uma jovem comunista e, portanto, usou um vestido comunista de menina. A festa era supostamente realizada no começo da década de 1940, logo após o começo da ocupação alemã. A narrativa contemplava toda a decadência implícita vista nos filmes, e depois algumas extravagâncias pseudoniilistas. Havia suásticas de maionese nos sanduíches; havia um cartaz na parede dizendo "No pau confiamos"; houve uma queima ritual de *Ecce Homo*, de Nietzsche, no toalete; minha irmã – sendo uma jovem comunista – foi presa em um dos quartos, transformado em uma prisão improvisada; Guša e eu brigamos por causa de um chicote de couro cru; Veba (que atualmente mora em Montreal) e eu cantamos canções comunistas tristes e bonitas, sobre grevistas assassinados, o que gostávamos de fazer em todas as festas; eu bebia vodca de uma caneca e usava botas altas, já que fora escalado como um colaborador ucraniano. Na cozinha (você sempre pode me encontrar na cozinha durante uma festa), discutimos a abolição do culto a Tito e dos rituais governamentais relacionados, ainda fortes. Acalentamos a ideia de organizar demonstrações: eu estaria louco, eu disse, para quebrar algumas vitrines, já que algumas delas eram feias e eu gostava de cacos de vidro. Havia pessoas na cozinha e na festa que eu não conhecia, e elas ouviam atentamente. Na manhã seguinte, acordei com uma sensação de vergonha que sempre acompanha o fato de ficar bêbado demais, normalmente remediada por muito ácido cítrico e sono. Entretanto, a sensação de vergonha não desapareceu por um bom tempo. Na verdade, ainda está por perto.

Na semana seguinte, fui cordialmente convidado por telefone a comparecer às instalações da Segurança do Estado – o tipo de convite que não se pode recusar. Interrogaram-me por 13 horas seguidas, durante as quais descobri que todas as outras pessoas que compareceram à festa visitaram ou iriam visitar as cordiais dependências da Segurança do Estado. Não quero entediá-los com detalhes – deixem-me apenas dizer que o procedimento policial bom/policial mau é um clichê transcultural, que os dois policiais sabiam de tudo (os ouvintes da cozinha ouviram muito bem) e que eles tinham um problema, um grande problema, com a questão do coquetel nazista. Ingenuamente, achei que, se eu lhes explicasse que na verdade fora apenas uma performance, uma piada de mau gosto na pior das hipóteses, e se eu pulasse a demonstração de fantasias na cozinha, eles iriam apenas dar um tapa em nossos pulsos, dizer aos nossos pais para nos dar umas palmadas e nos deixar ir para casa, para nossos confortáveis aposentos niilistas. O policial "bom" solicitou minha opinião sobre o aumento do fascismo entre a juventude da Iugoslávia. Eu não fazia a menor ideia do que ele estava falando, mas me opus energicamente a tais tendências – ele não pareceu muito convencido. Como eu estava gripado, ia frequentemente ao banheiro – sem chaves por dentro, grades na janela – enquanto o policial bom aguardava do lado de fora, para que eu não cortasse o pulso ou batesse a cabeça no vaso sanitário. Olhei-me no espelho (que eu poderia ter quebrado para cortar minha garganta) e pensei: "Olhe para este rosto abobado, cheio de espinhas, os olhos zonzos – quem poderia pensar que eu sou perigoso, quanto mais um nazista?" Finalmente, liberaram todos nós, os pulsos inchados de tapas. Minha mãe estava fora da cidade visitando parentes, meu pai estava na Etiópia ("Nós o mandamos para a Etiópia", disse o mau policial para mim, "e é assim que você nos agradece?"). Assim, resolvi não lhes informar que eu fora detido pela Segurança do Estado, achando que tudo seria esquecido.

Mas não foi. Algumas semanas mais tarde, o correspondente em Sarajevo do diário *Politika*, de Belgrado – que logo se tornaria a voz nacionalista histérica do regime de Slobodan Milošević –, recebeu uma carta anônima descrevendo uma festa de aniversário na residência de uma proeminente família de Sarajevo, onde símbolos nazistas foram exibidos e valores pertencentes aos recessos mais obscuros da história foram exaltados, violando tudo que nossa sociedade considerava sagrado. O boato começou a se espalhar por Sarajevo, a capital mundial do mexerico. Especulava-se sobre quem teria participado da festa e na casa de quem ela fora realizada. As autoridades comunistas bósnias, em geral dançando conforme a música de Belgrado, confidencialmente informaram seus membros em reuniões fechadas do partido, a uma das quais minha mãe compareceu e onde, sem revelar nenhum nome, descreveram o que acontecera na festa, com muitos detalhes disponibilizados pelos bons serviços da Segurança do Estado. Ela quase teve um ataque cardíaco quando se lembrou das botas altas emprestadas, que eu usava quando saí para uma festa (cujo conceito eu não me dera ao trabalho de lhe explicar), compreendendo assim que seus dois filhos haviam estado na referida festa. Ela voltou para casa abalada e eu fiz uma confissão completa, o tempo todo preocupado com que ela pudesse sofrer um colapso. Os cabelos de minha mãe ficaram completamente grisalhos muito cedo e eu receio que grande parte se devesse às minhas aventuras.

No mesmo instante, cartas começaram a ser despejadas nos meios de comunicação de Sarajevo, cartas de cidadãos preocupados, alguns dos quais eram claramente empregados em tempo parcial do órgão de segurança do governo. Muitos unanimemente exigiam que os nomes das pessoas envolvidas na organização de uma reunião nazista em Sarajevo fossem revelados à população enfurecida, de modo que o câncer no corpo do socialismo pudesse ser extirpado imediata e implacavelmente.

Sob a pressão do público obediente, os nomes dos "Dezenove Nazistas" foram alegremente anunciados em janeiro de 1987: houve uma chamada dos nomes no rádio e na TV e a lista foi publicada nos jornais no dia seguinte, para os que haviam perdido a notícia na noite anterior. Os cidadãos começaram a organizar reuniões, o que produziu uma enxurrada de cartas exigindo punição severa; estudantes universitários também realizavam reuniões, alguns relembrando as performances decadentes no Clube Volens-Nolens, concluindo com perguntas para-onde-vai-nossa-juventude e exigências de castigos severos como respostas para essas perguntas; veteranos da Guerra de Libertação também faziam reuniões, onde expressavam a firme crença de que o trabalho não tinha nenhum valor em nossas famílias, e também exigiam punição severa. Meus vizinhos viravam a cara ao passar por mim; meus colegas de faculdade boicotaram um curso de língua inglesa porque eu o frequentava, enquanto a professora chorava silenciosamente no canto. Alguns amigos foram proibidos por seus pais de nos ver. O caso inteiro me parecia como se estivesse lendo um livro em que um dos personagens – um idiota niilista, perverso – tinha meu nome. Sua vida e a minha vida se cruzavam, na verdade se sobrepunham dramaticamente. Em determinado ponto, comecei a duvidar da verdade da minha existência. E se a minha realidade fosse a ficção de outra pessoa? E se, pensei, eu fosse o único que não via como o mundo realmente era? E se eu fosse o beco sem saída da minha própria percepção? E se eu fosse simplesmente um idiota?

Isidora, cujo apartamento fora revistado, todos os seus papéis confiscados pela Segurança do Estado, fugiu com sua família para Belgrado e nunca mais voltou. Os poucos de nós que permaneceram na cidade juntaram as suas realidades. Goga fez uma operação de apêndice e ficou no hospital, onde as enfermeiras zombavam dela, e Guša, Veba e eu nos tornamos mais unidos do que nunca. Frequentávamos as reuniões que surgiam espontaneamente por toda parte, tudo na vã esperança de que, de alguma forma, nossa presença lá proporcionasse algum sentido de realidade, explicasse que tudo não passara de uma piada que dera errado ou que, afinal, não era da conta de ninguém o que fazíamos em uma festa particular. Vários patriotas e crentes nos valores socialistas reproduziam, nessas reuniões, os mesmos jogos de policial bom/policial mau. Em uma reunião do Partido Comunista na minha faculdade, que eu invadi, porque eu nunca fora e nunca seria um membro do partido, um sujeito chamado Tihomir (nome que podia ser traduzido como Paz Tranquila) era o policial mau. Ele não parava de gritar para mim: "Você cuspiu nos ossos do meu avô!", e ficava resmungando, descrente, sempre que eu sugeria que aquilo tudo era simplesmente ridículo, enquanto a secretária do partido, uma jovem amável, tentava acalmá-lo, sem sucesso.

O partido, entretanto, agora observava como nos comportávamos. Ou assim me disse um homem que veio à nossa casa, enviado pelo Comitê Regional do Partido, para nos inspecionar. "Tenham cuidado", disse numa voz afável, "eles estão vigiando vocês de perto", quando então compreendi Kafka instantaneamente. (Alguns anos mais tarde, o mesmo homem veio até nós comprar um pouco de mel de meu pai, que o comercializava na própria residência. Ele se recusou a falar dos acontecimentos relativos à festa de aniversário, dizendo apenas: "Assim eram os tempos." Ele me contou que sua filha de 10 anos queria ser escritora, e me mostrou um poema que ela escreveu e que ele orgulhosamente carregava na carteira. O poema me parecia a primeira versão de um bilhete suicida, já que a primeira linha dizia: "Não quero viver, porque ninguém me ama." Ele me disse que ela era tímida demais para lhe mostrar seus poemas: ela os deixava cair, como se fosse acidentalmente, de modo que ele pudesse encontrá-los. Eu me lembro dele se afastando, sobrecarregado com baldes do mel dos Hemon. Espero que sua filha ainda esteja viva.)

Por fim, a algazarra do escândalo esfriou. Por um lado, muita gente compreendeu que o nível do rebuliço era inversamente proporcional ao verdadeiro significado de todo o episódio. Fomos usados como bodes expiatórios, já que os comunistas bósnios queriam mostrar que iriam cortar pela raiz qualquer tentativa dos jovens de questionar valores socialistas. Por outro lado, escândalos muito maiores e mais graves viriam preocupar o infeliz governo comunista. Dentro de poucos meses, o governo tornou-se incapaz de sufocar os rumores sobre o colapso da companhia estatal Agrokomerc, cujo chefe era amigo de mandachuvas do Comitê Central e criou seu mini-império à custa de ações inexistentes, ou a versão socialista disso. E havia pessoas que estavam sendo presas e publicamente castigadas por pensar e dizer coisas que seriamente questionavam o governo comunista antidemocrático e o pseudorreligioso culto de Tito. Ao contrário de nós, essas pessoas sabiam exatamente o que estavam dizendo: haviam desenvolvido ideias, falavam com base em posições políticas e intelectuais definidas, seus princípios eram de uma categoria diferente dos sentimentos confusos de final de adolescência. Somente mais tarde eu iria compreender que nós éramos nossos próprios vira-latas com lanternas, e então o controle de animais chegou e a única coisa de que alguém se lembraria era dos dejetos que os cachorros deixaram para trás.

Durante anos depois desse incidente, eu encontrava pessoas que ainda estavam convencidas de que a festa de aniversário fora um evento fascista e ainda estavam dispostas a nos mandar para a forca. Compreensivelmente, nem sempre eu revelava informações sobre meu envolvimento. Certa vez, nas terras inóspitas de uma montanha próxima a Sarajevo, enquanto servia na Reserva, partilhei o companheirismo de uma fogueira de acampamento com reservistas bêbados que achavam, todos eles, que as pessoas da festa de aniversário deveriam ao menos ter levado uma grande surra. E concordei inteiramente – na verdade, clamei, perversamente, que deveriam ter sido enforcadas, e fiquei empolgado com aquilo. Essas pessoas, eu disse, deveriam ser longamente torturadas, e meus "primos distantes de armas" balançaram a cabeça, concordando, sedentos de sangue. Eu me tornei outra pessoa naquele momento, entrei na pele de meu inimigo por um curto período, e isso tanto foi assustador quanto libertador. Vamos beber a isso, os reservistas disseram, e bebemos.

As dúvidas quanto à realidade do acontecimento continuaram a me incomodar por muito tempo. Também não ajudou a melhorar as coisas o fato de Isidora, agora em Belgrado, ter finalmente se tornado uma completa e declarada fascista. Belgrado na década de 1990 era campo fértil para o mais virulento fascismo, e ela se sentiu à vontade ali. Ela realizava performances públicas que celebravam a tradição do fascismo sérvio. Namorava um sujeito que se tornaria líder de um grupo de voluntários sérvios, estupradores e assassinos brutais, conhecidos como os Águias Brancas, que atuavam na Croácia e na Bósnia na época da guerra. Posteriormente, ela escreveu um livro de memórias intitulado *A noiva de um criminoso de guerra*. Nossa amizade já terminara havia muito tempo, mas eu não podia deixar de questionar o que acontecera – talvez a festa fascista tenha sido tramada por sua parte fascista, invisível para mim. Talvez eu não tenha visto, cego pelas infinitas possibilidades da Poesia Irrelevante, o que ela via; talvez eu fosse um peão no seu xadrez musical. Talvez minha vida fosse como uma dessas Virgens Marias que aparecem na seção de congelados de um supermercado no Novo México ou algum lugar como esse – visíveis apenas para os crentes, ridículas para qualquer outra pessoa.

3. A VIDA E A OBRA DE ALPHONSE KAUDERS

Em 1987, no rastro do fiasco da festa de aniversário, comecei a trabalhar em uma estação de rádio de Sarajevo, em um programa dirigido à população urbana mais jovem. Chamava-se *Omladinski program* (O Programa da Juventude), e todos ali eram realmente muito jovens, com pouca ou nenhuma experiência em rádio. Fracassei na primeira entrevista, na primavera, já que o ruído da festa ainda ecoava nos estúdios da rádio, mas fui aceito no outono, apesar de minha voz sussurrada, nitidamente inadequada para o rádio. O programa ganhou espaço e alguma liberdade de expressão dos dirigentes da rádio, já que os tempos haviam mudado politicamente, mas também porque podíamos facilmente ser derrotados, se necessário, já que éramos todos jovens desconhecidos. Eu falava de assuntos culturais, às vezes escrevendo invectivas contra a idiotice do governo e a estupidez geral, depois as lendo no ar. Logo passei a produzir arrogantes resenhas de livros e filmes, numa voz de inquestionável (e infundada) perícia.

Durante todo o tempo, eu escrevia contos bem curtos. Em determinado momento, exigi, e ganhei, três ou quatro minutos por semana, que eu usava para irradiar minhas histórias no programa muito popular de meus amigos Zoka e Neven (agora em Brno e Londres, respectivamente). O intervalo de tempo chamava-se "Sasha Hemon conta histórias falsas e verdadeiras" (*Sasha Hemon Tells You True and Untrue Stories* – SHTYTUS). Algumas delas constrangiam minha família – já completamente envergonhada com todo o desastre da festa de aniversário – porque eu tinha uma série de histórias sobre meu primo, um ucraniano, em que ele, por exemplo, de algum modo perdeu todos os membros e vivia uma vida deprimente, até conseguir um emprego em um circo, onde elefantes o rolavam de um lado para outro da arena como uma bola, todas as noites.

Mais ou menos nessa época, escrevi a história "A vida e a obra de Alphonse Kauders". Era claro que seria difícil de publicar, já que ridicularizava Tito, continha um monte de insolências e sexo vulgar, e envolvia os personagens de Hitler, Goebbels e outros. Além disso, na época, a maioria das revistas literárias na Iugoslávia estava ativamente revelando este ou aquele patrimônio nacional, redescobrindo escritores cuja poesia e prosa poderiam facilmente se encaixar em qualquer antologia de literatura irrelevante, mas que mais tarde estariam extremamente ocupados em fomentar a guerra.

Assim, dividi a história em sete partes, cada qual podendo se encaixar nos três minutos do "SHTYTUS" e, em seguida, escrevi uma introdução para cada uma delas – todas insistindo na voz de irrefutável especialista que eu era um historiador e que Alphonse Kauders era uma figura histórica e o objeto de minha exaustiva pesquisa. Uma das notas introdutórias me saudava após meu retorno dos arquivos da URSS, de onde eu desencavara documentos reveladores sobre Kauders. Outra informava aos ouvintes que eu acabara de voltar da Itália, onde estive como convidado na convenção do Partido Pornográfico Transnacional, cuja plataforma baseava-se nos ensinamentos do grande Alphonse Kauders. Outra citava cartas de ouvintes inexistentes que me elogiavam por exibir a coragem necessária a um historiador e propunham que eu fosse nomeado diretor da estação de rádio. Na maior parte do tempo, eu tinha a sensação de que ninguém sabia o que eu estava fazendo, já que ninguém ouvia o programa, à exceção de meus amigos, que generosamente me deram um pouco de tempo em seu programa, e os ouvintes que não tinham chance de mudar de estação, já que minha intervenção era muito curta. (Uma das partes tinha a duração de 27 segundos, mais curta do que o jingle do "SHTYTUS".) Eu não me importava, já que não queria contrariar nem o bom nem o mau policial.

Depois que as sete partes foram irradiadas, gravei toda a história de forma contínua, lendo-a com minha voz sussurrada (que ainda é carinhosamente lembrada por meus amigos como uma das piores que já flutuaram nas ondas de rádio da Bósnia), incluindo alguns efeitos de áudio: os discursos de Hitler e Stalin, o coro das massas obedientes, canções de combate comunistas, "Lili Marlene", os perniciosos efeitos sonoros do século XX. Levamos ao ar a história completa, sem interrupções, por vinte e poucos minutos – uma forma de suicídio em rádio – no programa de Zoka e Neven, quando fui apresentado como seu convidado no estúdio, ainda fingindo ser um historiador. Instruí meus amigos a não rirem sob nenhuma circunstância (receio que seja uma história muito engraçada). Eles leram as cartas dos ouvintes, todas elas escritas por mim, algumas imitando o estilo e o espírito raivosos com que eu me familiarizara depois da infame festa. Uma das cartas exigia que eu e as pessoas como eu fossem enforcadas por manchar lembranças sagradas. Outra exigia mais respeito pelos cavalos (já que Alphonse Kauders odiava cavalos), porque eles nos ensinavam os valores do trabalho árduo. Outra fez objeção à representação de Gavrilo Princip, o assassino do arquiduque austro-húngaro, e garantiu que Princip *absolutamente não* urinou nas calças enquanto esperava em uma esquina de Sarajevo para atirar no herdeiro do trono imperial.

Então, abrimos as linhas telefônicas aos ouvintes. Eu imaginara que: a) ninguém realmente ouvira a série de Kauders; b) os que ouviram a acharam estúpida; e c) aqueles que acreditavam que ela fosse verdadeira eram drogados, retardados e cidadãos idosos e dementes, para os quais as fronteiras entre história, fantasia e programas de rádio eram irremediavelmente indistintas. Assim, não me preparei para perguntas ou questionamentos, nem estava atento a qualquer outra manipulação de fatos falsos ou duvidosos. Os telefones, entretanto, tocaram sem parar por mais de uma hora, ao vivo. A grande maioria das pessoas acreditou na minha história de Kauders e então houve muitas perguntas ou observações ardilosas. Um médico telefonou e reclamou que uma pessoa não pode tirar o próprio apêndice, como eu alegava que Kauders fizera. Um homem telefonou e disse que tinha nas mãos a *Enciclopédia florestal* – na qual Kauders supostamente era amplamente citado – e não havia o menor sinal dele ali. Busquei respostas plausíveis, sem rir em nenhum momento, adotando por completo o personagem de historiador, temendo o tempo inteiro que meu disfarce fosse revelado, com medo – como acho que acontece com os atores – de que o público visse o verdadeiro impostor por trás da máscara, porque minha atuação era completamente transparente. Consegui me livrar do medo do policial bom ou do policial mau (provavelmente o policial mau) entrar e ordenar que eu me dirigisse imediatamente ao quartel-general da Segurança do Estado outra vez.

No entanto, o medo mais estranho de todos era que alguém pudesse entrar e dizer: "Mentiroso! Você não sabe nada sobre Kauders! Eu sei muito mais do que você – e aqui está a verdadeira história!" Kauders se tornou real naquele momento – ele era minha Virgem aparecendo no estúdio de vidro à prova de som, por trás do qual havia um desinteressado engenheiro de som e algumas pessoas soltando faíscas de empolgação transgressiva. Foi um momento estimulante, quando a fantasia rompeu a realidade e transbordou, muito à semelhança do momento em que o corpo se levantou da mesa cirúrgica do dr. Frankenstein e começou a estrangulá-lo.

Durante meses, até mesmo anos, as pessoas me paravam e perguntavam: "Ele existiu mesmo?" Para alguns, eu respondi que sim, para outros, que não. Mas o fato é que não há como saber realmente, já que Kauders existiu por um instante fugaz, como aquelas partículas subatômicas no acelerador nuclear na Suíça, mas não por tempo suficiente para que sua existência pudesse ser fisicamente registrada. O instante de sua existência foi curto demais para eu determinar se tinha sido uma miragem, uma consequência de ter atingido a massa crítica da ilusão coletiva. Talvez ele tenha aparecido para mim apenas para me informar que eu tinha sido irreversivelmente exposto à radiação de sua aura maligna.

Não sei onde Herr Kauders pode estar agora. Talvez esteja puxando os cordões do fato e da ficção, da verdade e da inverdade, de certo modo fazendo com que eu escreva histórias que eu tolamente acredito que imagino ou invento. Talvez um dia desses eu receba uma carta assinada A.K. (como ele gostava de assinar suas cartas), dizendo-me que toda a maldita charada acabou, que chegou a hora do ajuste de contas.

A VIDA DURANTE A GUERRA
■ ■ ■

Em fevereiro de 1991, assumi um cargo editorial na revista *Naši dani* (Nossos dias), de Sarajevo, e imediatamente saí da casa de meus pais, onde ainda morava, vergonhosamente, aos 27 anos. Com Davor e Pedja, dois amigos que também arranjaram emprego na revista, aluguei um apartamento de três quartos no bairro antigo de Kovači. Eu tinha um emprego de tempo integral e vivia por conta própria – uma realização importante, adulta, em uma sociedade tristemente socialista, onde as pessoas envelheciam morando com os pais, perpetuamente subempregadas.

Minha prévia e limitada experiência profissional tinha sido em rádio, onde, exceto por alguma ficção curta e desconcertante, eu escrevia críticas dogmáticas sobre cinema, literatura e estupidez generalizada. Assim, eu era o editor cultural e de algum modo consegui negociar 13 páginas para cultura (o que quer que isso fosse) das 48 páginas da revista. Convencido de que a geração anterior de jornalistas estava corrompida pelo idiotismo do comunismo cômodo, recusei-me a publicar em minhas páginas qualquer texto escrito por alguém com mais de 27 anos, o que exigia brigas frequentes com o restante da equipe editorial, ainda complacente com alguns veteranos da imprensa. Eu também escrevia artigos curtos, mordazes, para as duas páginas confrontantes dedicadas à sátira e uma coluna intitulada "Sarajevo Republika", que concebi como "militante urbana". Eu estava quase sempre eufórico por ser jovem e radical, deleitando-me no espaço de irreverência e rebeldia que criei para mim mesmo.

O restante da equipe editorial também veio do rádio, onde havíamos compartilhado nosso desprezo pelo antigo regime socialista, bem como pelos políticos do nacionalismo raivoso, que na época estavam ocupados em desmantelar os tristes remanescentes da Iugoslávia comunista. Nosso empregador era o Partido Liberal, que surgiu do que no regime anterior chamava-se Associação da Juventude Socialista. (Escrevi, mediante o pagamento de uma remuneração, a parte de cultura do programa político do Partido Liberal.) Fomos contratados, depois que a equipe editorial anterior foi demitida em peso, por motivos que não consigo realmente me lembrar; gostaria de pensar que tenha sido porque nosso empregador quisesse dar uma guinada radical – a *Naši dani* tinha uma história de 40 anos de publicação, em grande parte assinalada pela obediência ao que quer que supostamente definisse a juventude socialista.

Tivemos que aprender rapidamente a produzir uma revista quinzenal com caráter imediatista. Ainda bem que logo surgiu uma oportunidade: uma de nossas primeiras edições foi amplamente dedicada (e favorável) às manifestações anti-

Milošević que ocorriam em Belgrado, que ele por fim esmagou com a ajuda dos tanques iugoslavos do Exército do Povo. O sangue de dois jovens estudantes foi o primeiro a ser derramado pelo exército; sabíamos que o derramamento não iria parar ali. Quando chegou a primavera, a guerra estava no auge na Croácia. Começaram a chegar relatórios de atrocidades; publicamos fotos de corpos decapitados e uma entrevista com Vojislav Šešelj, um líder da milícia sérvia (atualmente em julgamento em Haia), famoso por ter prometido arrancar os olhos dos croatas com colheres enferrujadas. Por alguma razão, colheres comuns não bastavam.

Entretanto, no começo da guerra tais fatos podiam ser tratados como horripilantes exceções. Uma pessoa podia se deixar convencer de que algumas maçãs podres haviam enlouquecido, especialmente porque as autoridades croatas e iugoslavas/sérvias continuavam prometendo que tudo logo voltaria ao normal. Mas dentro de pouco tempo noticiamos em primeira mão que caminhões do exército estavam transportando armas (a carga era registrada como "bananas") para as regiões da Bósnia em que os sérvios constituíam a maioria. Cobrimos as sessões do Parlamento bósnio, cada vez mais beligerantes, e comparecemos às coletivas de imprensa em que Radovan Karadžić (atualmente em julgamento em Haia), ladeado pelo meu antigo professor, dava socos na mesa com seus punhos de pilão, enquanto fazia ameaças mal veladas de violência e guerra.

Quanto mais tomávamos conhecimento da situação, menos queríamos saber. A estrutura de nossas vidas confiava na continuação da rotina do que nós teimosamente percebíamos como normalidade. A partir daí, convencidos de que estávamos meramente tentando viver uma vida normal, embarcamos em uma busca exacerbada pelo esquecimento hedonista. Havia festas e bebidas toda noite, geralmente até de madrugada. Também dançávamos muito; na verdade, publiquei um editorial na seção cultural, escrito por Guša, afirmando que era dever urgente de todo indivíduo dançar mais, se ele quisesse impedir a iminente catástrofe.

A maior parte do dinheiro ganho com o trabalho na *Naši dani* eu deixei nos caça-níqueis, tão viciado a ponto de excluir até mesmo uma probabilidade estatística de ganhar, porque o jogo resulta em um esquecimento particularmente intenso. Um meio mais agradável de negação era ficar drogado, vendo *Gigi*, de Vincente Minelli, em geral acompanhando a canção aos berros: "Gigi, am I a fool without a mind/or have I really been too blind..." Às vezes, Pedja e eu nos embebedávamos à tarde e depois cantávamos com Dean Martin, um dos grandes líderes do movimento hedonista internacional. Passamos um esplêndido sábado de primavera em nosso jardim, comendo cordeiro assado no espeto e fumando um excelente haxixe (o qual, juntamente com muitas outras substâncias psicotrópicas, tornou-se amplamente disponível, porque o ministro do Interior controlava o tráfico de drogas). O haxixe nos deixou famintos, de modo que comemos cordeiro e fumamos até ficarmos tão chapados que poderíamos ter saído flutuando pelo céu, como balões de gás, em direção às distantes paisagens livres de guerras, se não tivéssemos sido lastreados com enormes quantidades de carne.

Que dias felizes, antes de tudo desmoronar, quando qualquer coisa era suficiente para nos induzir a um esquecimento libertador! Fizemos de tudo: ficar acordados a noite inteira para preparar e fechar a edição da revista, sobrevivendo de café, cigarros e transe; consumir pornografia e escrever poesia; participar de discussões apaixonadas sobre futebol e debates acalorados, infindáveis, desencadeados por perguntas como "Você transaria com um cavalo por 1 milhão de marcos alemães?" ou "O grande mestre Valery Karpov possui uma lancha de alta velocidade?".

Havia também uma promiscuidade desenfreada, arrebatada. Uma troca de olhares, às vezes na presença do namorado ou da namorada, era suficiente para terminar em uma relação sexual. A instituição do namoro parecia indefinidamente suspensa; não era mais necessário marcar um encontro antes de ir para a cama. Na verdade, nem havia necessidade de cama: corredores de prédios, bancos de parques, bancos traseiros de carros, banheiras e assoalhos serviam muito bem. Adorávamos sexo *Titanic*: não havia necessidade de conforto nem tempo para relacionamentos no navio que naufragava. Foi uma extraordinária época para transar, a curta era de euforia da catástrofe, pois nada aumenta mais o prazer e bloqueia a culpa do que uma calamidade iminente. Receio que não estejamos aproveitando as grandes oportunidades que nos são oferecidas por este momento particular da história da humanidade.

Mais ou menos no meio do verão, tornou-se difícil manter o precário estado de esquecimento histérico. Um traficante que havíamos usado como fonte para uma matéria sobre tráfico de drogas em Sarajevo voltou para casa na Croácia para uma visita e terminou sendo alistado à força. Ele, então, nos telefonou das trincheiras, deixando uma mensagem desvairada: "Vocês não podem imaginar o que está acontecendo aqui!" Podíamos ouvir o tiroteio ao fundo. Não deixou um número onde pudéssemos alcançá-lo na linha de frente, e duvido que ainda assim tivéssemos ligado para ele. Em seguida, Pedja foi despachado para trabalhar no *front* croata, tendo sido preso e torturado pelas forças croatas. Depois que sua liberação foi negociada, ele voltou, aparecendo à nossa porta alquebrado e envelhecido. Ele não conseguia dormir à noite e ficou vagando pelo apartamento durante dias, os olhos vidrados, o cérebro apático, indiferente a Dean Martin, seus machucados mudando de cor, de roxo-azulado para um amarelo-esverdeado. Finalmente, irritado, eu o fiz se sentar, empurrei um gravador para ele e o fiz contar toda a sua experiência na zona de guerra croata: sua estupidez em tomar um ônibus lotado de voluntários croatas; a surra que se seguiu; a detenção e o suposto interrogatório; o procedimento estupidamente humilhante do policial bom e do policial mau (o policial bom gostava de Pet Shop Boys); os testículos esmagados e os socos nos rins; o gosto da arma em sua boca etc. Quando ele terminou, desliguei o gravador, entreguei-lhe formalmente a fita de 90 minutos de sua gravação e disse: "Agora deixe isso de lado e siga em frente."

Eu me considerava sábio naquela época.

No entanto, não havia para onde ir. Em julho, pedi demissão do emprego de editor e fui passar algumas semanas na Ucrânia, bem a tempo do golpe de agosto, do colapso da URSS e da subsequente independência da Ucrânia. Quando voltei a Sarajevo, no começo de setembro, a revista tinha sido fechada; Pedja e Davor haviam feito a nossa mudança do apartamento de Kovači e voltamos todos para a casa dos nossos pais, já que não tínhamos mais dinheiro para pagar o aluguel. A cidade estava esvaziada, a euforia esgotada. Certa noite, fui ao café do Museu Olímpico, onde costumávamos ficar horas a fio, e vi pessoas de olhar vidrado e distante, mal falando umas com as outras, algumas drogadas ao ponto da inconsciência, outras naturalmente paralisadas, todas aterrorizadas com o que agora era inegável: tudo estava acabado. A guerra chegara e agora todos nós esperávamos para ver quem iria viver, quem iria matar e quem iria morrer.

A MONTANHA MÁGICA
■ ■ ■

Minha família costumava ter uma cabana na montanha Jahorina, a cerca de 30 quilômetros de Sarajevo. Jahorina era uma estação de esqui, e Kristina e eu, em nossa adolescência, passávamos o mês inteiro de nossas férias de inverno esquiando e participando de festas. Nossos pais só vinham nos fins de semana, para trazer comida e roupas limpas, e para avaliar os estragos. Enquanto no inverno a montanha ficava cheia de esquiadores, turistas e amigos, no verão ficava despovoada a maior parte do tempo. Nos fins de semana, havia alguns outros proprietários de cabanas que, como meus pais, fugiam do calor da cidade para fazer reparos no madeiramento. Kristina e eu evitávamos ir para a montanha no verão, apesar da insistência de nossos pais de que Jahorina era o paraíso, em comparação ao inferno de Sarajevo. Preferíamos ficar à toa, cozinhando no caldeirão fervente da cidade, sem pais por perto.

Mas, no final da década de 1980, comecei a ir para a montanha no verão. Eu abastecia meu pequeno Fićo (a réplica iugoslava do Fiat 500) de livros e música, e me mudava para

Jahorina por um mês de cada vez. Eu estava com vinte e poucos anos, ainda morava com meus pais, o que, fora os problemas pertinentes à minha justa privacidade e soberania pessoal, tornava difícil manter uma leitura concentrada – meus pais constantemente exigiam participação nas atividades familiares e eram propensos a planejar tarefas complicadas. Na cabana de Jahorina, ao contrário, eu podia ter o controle total do meu próprio tempo, que eu administrava como um monge, lendo de oito a 10 horas por dia. Eu interrompia minha devoção monástica apenas para atender as necessidades do meu tolo corpo, que, além de comida e café, exigia algum exercício físico. Assim, eu cortava lenha e, de vez em quando, saía para longas caminhadas no alto da montanha, acima da linha das árvores, em direção a paisagens desoladas e inóspitas, e picos dos quais a vasta e comovente extensão da Bósnia podia ser vista. Eu evitava outras pessoas e apenas fazia o trajeto a pé até o único supermercado, a uns três quilômetros de distância, quando precisava de mais cigarros ou vinho.

Durante semanas antes da minha mudança para a montanha, eu ficava montando minha lista de leitura: dos romances de Smiley, de John Le Carré (que durante anos eu reli todo verão), a trabalhos acadêmicos sobre as origens dos mitos do Antigo Testamento, de antologias de contos americanos contemporâneos aos gibis do Príncipe Valente. Mas no topo da lista ficavam os densos clássicos em que eu tinha dificuldade de me concentrar na cidade, por causa das constantes implicâncias dos meus pais e das tentações diárias da vida urbana. Havia um benefício particular em ler por 10 horas seguidas: eu entrava em uma espécie de euforia hipersensível que me permitia percorrer uma média de 400 páginas por dia. O livro se tornava um espaço amplo e intricado em minha cabeça, e eu não conseguia deixá-lo de lado, nem quando comia, caminhava ou dormia – eu vivia dentro do livro. Durante a semana que levei para ler *Guerra e paz*, Bolkonsky e Natasha apareciam regularmente em meus sonhos.

Eu era propenso à ansiedade e à depressão aos vinte e poucos anos, que experimentava como um esgotamento de minha interioridade, como um soporífico de pensamento e linguagem. O propósito de ir para a montanha era reabastecer minha mente, reinicializar o mecanismo da linguagem, a máquina de pensar. Minha reclusão, porém, preocupava meus pais, enquanto meus amigos achavam que eu estava enlouquecendo. À noite, os únicos sons eram os sinos do gado vagando a esmo, do vento e dos galhos arranhando o telhado. Pássaros entusiásticos me davam bom-dia ao amanhecer, e eu começava a ler assim que abria os olhos. Eu apreciava minha vida simplificada de forma ascética: ler, comer, caminhar, dormir. A austeridade autoimposta curava qualquer ferida que eu carregasse para cima daquela montanha.

A última vez que fui a Jahorina foi em setembro de 1991. Grande parte do verão de 1991, eu havia passado na Ucrânia, testemunhando o fim da União Soviética e a independência da Ucrânia. Durante o verão, a guerra na Croácia progrediu rapidamente de incidentes a massacres, de escaramuças à destruição completa da cidade de Vukovar pelo Exército do Povo da Iugoslávia. Quando retornei a Sarajevo no final de agosto, a guerra já estava na cabeça das pessoas: o medo, a confusão e as drogas reinavam. Eu não tinha dinheiro, então Pedja me encomendou alguns textos para a revista pornográfica que ele planejava lançar, convencido de que as pessoas a consumiriam avidamente, como uma maneira de afastar o pensamento do desastre iminente. Eu recusei, porque não queria que meu último trabalho, caso morresse na guerra, fosse produzir textos ruins sobre sexo (como se houvesse outro tipo). Abarrotei o carro de livros e me mudei para a cabana para ler e escrever o máximo possível, antes que a guerra consignasse tudo e todos à morte e ao esquecimento.

Permaneci na Jahorina até dezembro. Minha vida monástica na montanha consistia agora na proteção do pensamento rudimentar, pois quando a guerra entrasse em minha cabeça, eu temia, ela a incendiaria e saquearia. Li *A montanha mágica* e as cartas de Kafka; escrevi textos repletos de loucura, morte e fantásticos jogos de palavras; ouvi Miles Davis, que morreu naquele outono, enquanto fitava as brasas em nossa lareira. Em minhas caminhadas, conduzia conversas imaginárias com companheiros imaginários, não muito diferentes daquelas entre Castorp e Settembrini no romance de Mann. Cortei muita lenha para aplacar minha crescente ansiedade. De vez em quando, eu escalava uma face escarpada da montanha sem nenhum equipamento ou proteção. Era uma espécie de desafio suicida visando me tranquilizar: se eu conseguisse chegar ao topo sem cair, pensava, eu poderia sobreviver à guerra. Um dos rituais diários era assistir ao noticiário das 19:30, e as notícias nunca eram boas, sempre piores.

■ ■ ■

Anos mais tarde, em Chicago, eu me esforçaria para realizar exercícios que deveriam me ajudar a controlar a raiva: com o conselho de meu terapeuta sempre sorridente, eu tentava controlar a respiração enquanto visualizava com detalhes um lugar que eu associasse a paz e segurança. Invariavelmente, eu evocava nossa cabana em Jahorina e passava longos períodos de tempo relembrando os menores detalhes: a superfície lisa da mesa de madeira que meu pai construiu sem usar um único prego; um punhado de velhos passes de esqui pendurados embaixo do mudo relógio cuco; a indestrutível geladeira que meus pais levaram para a montanha de nossa casa em Sarajevo e cuja marca – Obod Cetinje – foi a primeira palavra que consegui ler sozinho. Nas sessões de terapia, eu me lembrava de como a leitura solitária clareava minha mente atormentada, como a dor era de certo modo aplacada pelo onipresente cheiro de pinho, pelo frescor do ar naquela altitude, pelo ângulo da luz na montanha pela manhã.

Quase no fim da minha estadia no outono de 1991, nosso setter irlandês, Mek, passou a me fazer companhia. Ainda um filhote, ele acordava com os passarinhos de manhã, lambia minhas faces e minha testa, cobrindo-as com uma espessa camada de saliva. Eu o deixava sair para fazer o que quer que cachorrinhos fazem ao amanhecer, enquanto eu voltava para a cama para ler ou continuar um sonho repleto de personagens da literatura. Certa manhã, depois de tê-lo deixado sair, sons de tiros me assustaram, tirando-me do meu livro. Quando olhei para fora, vi uma unidade da polícia militar do exército, identificáveis por seus cintos brancos. Atiravam com balas de festim em inimigos imaginários, usando máscaras de gás, passando pela cabana e arremetendo se encosta acima. No meio deles estava Mek, que em sua idiotice de filhote corria, saltando e latindo para eles. Um tiro de festim que o atingisse à queima-roupa poderia obviamente matá-lo, de modo que, com o livro na mão, corri atrás da unidade de polícia, de pijama, chamando Mek desesperadamente. Ele não deu a mínima para os meus chamados e só o alcancei quando a unidade parou para respirar. Eles tiraram as máscaras de gás, arquejantes, o suor escorrendo pelo rosto, enquanto eu pedia desculpas incoerentemente por qualquer falha minha. Eles não disseram nada, exaustos demais e concentrados em seu treinamento. Enquanto eu tropeçava encosta abaixo em meus chinelos, arrastando Mek pela coleira, eles assumiram novas posições de combate. Pelo que eu sabia, podiam estar apontando suas armas para mim.

Em outra manhã, no começo de dezembro, eu estava sentado, deprimido e com frio, tomando um chá morno, cansado demais para acender a lareira. Mek colocou a cabeça em meu colo para que eu o afagasse. Contemplei a neblina desoladora lá fora e me perguntei o que iria acontecer a todos nós. Minha mente estava tão derrotada pela inexorável escalada da guerra que já não havia nenhum livro para ler ou uma história para escrever que pudesse ajudá-la a se recuperar. No exato instante em que atingi o mais profundo recesso do desespero, o telefone tocou – ou ao menos é assim que minha lembrança editou essa cena em particular – e uma mulher do Centro de Cultura Americana disse-me que eu fora convidado a visitar os Estados Unidos por um mês, sob os auspícios da Agência de Informações dos Estados Unidos. Eu havia tido uma entrevista com o diretor do centro de cultura no começo daquele verão, mas não esperava nada dali e já havia praticamente esquecido tudo a respeito. Na verdade, por um longo instante pensei que se tratava de alguma espécie de trote, mas, quando ela me disse que eu tinha que ir ao centro para acertar os detalhes da minha visita, eu lhe prometi que iria. Desliguei o telefone e comecei a acender a lareira. No dia seguinte, deixei a montanha.

QUE SEJA O QUE NÃO PODE SER
■ ■ ■

Em 14 de outubro de 1991, Radovan Karadžić falou em uma sessão do Parlamento da Bósnia-Herzegovina, que estivera debatendo um referendo sobre a independência da Iugoslávia enfraquecida pela secessão da Eslovênia e da Croácia no começo daquele ano. Karadžić estava lá para advertir o Parlamento a não seguir o exemplo de eslovenos e croatas pela "estrada do inferno e do sofrimento".

Eu estava em Jahorina na época, tentando me acalmar lendo e escrevendo. Eu assistia ao noticiário da noite para vê-lo bradar ameaçadoramente aos desgastados membros do Parlamento: "Não pensem que não vão levar a Bósnia-Herzegovina ao inferno e o povo muçulmano a um possível extermínio, já que o povo muçulmano não pode se defender no caso de uma guerra aqui." Durante sua invectiva, numa maneira que me era familiar por causa das coletivas de imprensa a que eu havia comparecido, ele agarrava as bordas do atril, como se fosse lançá-lo sobre a fragilizada plateia. Em seguida, porém, soltou-o para apunhalar o ar com o dedo indicador à palavra *extermínio*. O presidente bósnio, Alija Izetbegović, muçulmano, ficou visivelmente transtornado.

É possível encontrar facilmente no YouTube algum vídeo da fala descontrolada e violenta de Karadžić. A internet e a TV podem converter praticamente qualquer coisa em banalidade benigna, mas a performance de Karadžić ainda é horripilante. Karadžić era então presidente do Partido Democrata Sérvio, nacionalista e linha-dura, que já havia adquirido o controle de partes da Bósnia de maioria sérvia, mas não era membro do Parlamento, nem detinha nenhum cargo eletivo. Ele estava ali simplesmente porque podia. Sua própria presença enfraquecia o Parlamento; apoiado pelo Exército do Povo da Iugoslávia, dominado pelos sérvios, ele falou de uma posição de poder incontestável sobre a vida e a morte do povo que o Parlamento representava. E ele sabia disso e se regozijava com isso.

Tranquilizado pelas semanas de leitura terapêutica (Kafka, Mann), não pude compreender inicialmente o que Karadžić queria dizer com "extermínio". Busquei uma interpretação mais branda, menos aterrorizante – talvez ele quisesse dizer "irrelevância histórica"? Eu podia aceitar "irrelevância histórica", o que quer que isso significasse. O que ele dizia estava muito fora do âmbito da minha imaginação humanista, propensa a preocupações e temores; suas palavras estendiam-se muito além dos hábitos de normalidade a que eu desesperadamente me agarrava conforme a guerra assomava sobre o que os habitantes de Sarajevo chamavam de "vida normal".

Por fim, o Parlamento resolveu que o melhor seria fazer um referendo. Foi realizado em fevereiro de 1992; os sérvios boicotaram o referendo, enquanto a maioria dos bósnios votou pela independência. Em março, havia barricadas nas ruas de Sarajevo e tiroteio nas montanhas ao redor. Em abril, os atiradores de elite de Karadžić apontaram para uma demonstração pacífica contra a guerra em frente ao prédio do Parlamento, e duas mulheres foram mortas. Em 2 de maio, Sarajevo foi desconectada do restante do mundo e iniciou-se o mais longo cerco da história moderna. No final do verão, quase toda primeira página no mundo havia publicado uma foto de um campo de extermínio sérvio. A essa altura, eu compreendi que Karadžić havia ameaçado com genocídio os muçulmanos bósnios em seu discurso ao infeliz Parlamento bósnio, enquanto a isca indigesta era a mera sobrevivência. "Não me obriguem a isso", ele dizia, essencialmente. "Porque ficarei muito à vontade no inferno que criarei para vocês."

Agora, não tenho dúvidas de que, independentemente do resultado da sessão parlamentar, Karadžić teria alegremente descido a toda velocidade em seu comboio pela estrada do inferno e do sofrimento. O que eu não vi na ocasião está claro para mim agora: a possibilidade da guerra não acontecer já estava completamente afastada. A máquina de extermínio girava alegremente, tudo já estava preparado para as operações de genocídio, cujo propósito era não só a destruição e o deslocamento dos muçulmanos bósnios, como a unificação das terras etnicamente puras em uma Grande Sérvia. Por que ele havia encenado aquela representação diante do Parlamento, se a paz nunca tinha sido uma opção? Por que se deu ao trabalho?

Tenho despendido muito tempo tentando compreender como tudo que eu conhecia e amava se esfacelou violentamente; tenho me ocupado obsessivamente em analisar os detalhes da catástrofe para compreender como pôde acontecer. Depois da prisão de Karadžić, vi o clipe do YouTube tentando descobrir por que ele se deu ao trabalho. Agora eu sei: a razão de ser daquela performance era a performance em si mesma. Não foi dirigida ao sitiado parlamento bósnio, mas aos sérvios patriotas que viam a transmissão, àqueles dispostos a embarcar em um projeto épico que iria requerer sacrifício, assassinato e limpeza étnica para ser realizado. Karadžić estava mostrando à sua gente que ele era um líder tão forte e obstinado quanto necessário, mas não insensato ou irracional. Ele estava indicando que a guerra não seria uma decisão irrefletida de sua parte, ao mesmo tempo que era capaz de reconhecer que o genocídio poderia ser inevitável. Se havia um trabalho difícil a ser feito, ele iria fazê-lo sem vacilar, implacavelmente. Ele era o líder capaz de conduzi-los pelo inferno do assassinato à terra onde a honra e a salvação os aguardavam.

O modelo para o papel de Karadžić como líder foi fornecido pelo poema épico *A grinalda da montanha* (*Gorski vijenac*), de Petar Petrović Njegoš. Como todos os outros, fui forçado a estudá-lo na escola, já que fazia parte do cânone socialista, fácil de interpretar dentro do âmbito de "liberdade", largamente disponível na Iugoslávia de Tito. Ambientado no final do século XVII e publicado em 1847, está profundamente enraizado na tradição de poesia épica sérvia; um texto básico do nacionalismo cultural sérvio, ele sempre me entediou até às lágrimas. Seu personagem central é Vladika Danilo, o bispo e soberano de Montenegro, o único território sérvio não conquistado na época pelo poderoso e usurpador Império Otomano. Vladika Danilo acha que tem um grande problema: alguns sérvios montenegrinos se converteram ao islamismo. Para ele, esses sérvios são a quinta-coluna dos turcos, um povo no qual jamais se podia confiar, uma ameaça permanente à liberdade e soberania dos sérvios.

Sendo o sábio líder que é, ele convoca um conselho para ajudá-lo a encontrar a solução. Ouve o conselho de vários guerreiros sedentos de sangue: "Sem sofrimento, nenhuma canção é entoada", um deles diz. "Sem sofrimento, nenhum sabre é forjado." Recebe uma delegação de muçulmanos suplicando paz, coexistência e tudo o mais; a eles é oferecida a chance de salvarem suas cabeças convertendo-se de novo à "fé de seus antepassados". Fala de liberdade e das decisões difíceis necessárias para protegê-la: "O lobo tem direito a um carneiro/ Como um tirano a um homem fraco./ Mas para esmagar o pescoço da tirania/ Conduzi-la ao conhecimento virtuoso/ Esse é o dever mais sagrado de um homem."

Em versos familiares a quase toda criança e adulto sérvios, Vladika Danilo por fim reconhece que a exterminação total, implacável, dos muçulmanos é a única solução: "Que haja uma luta infindável", ele diz. "Que haja o que não pode ser." Ele conduzirá seu povo pelo inferno de assassinato e além, à honra e à salvação: "No túmulo, flores brotarão/Para uma distante geração futura."

Karadžić, que cresceu na parte da Bósnia onde o correio é entregue por lobos (como costumávamos dizer em Sarajevo), estava intimamente familiarizado com a poesia épica sérvia. Um hábil tocador de *gusle*, um violino de uma só corda (para o qual não é necessária nenhuma habilidade especial) que tradicionalmente acompanha a apresentação oral dos poemas épicos, ele compreendia seu papel à luz ofuscante lançada por Vladika Danilo. Reconhecia a si mesmo no martírio da liderança; acreditava que cabia a ele terminar o trabalho que Vladika Danilo iniciara. Via-se como o herói em um poema épico que seria cantado por uma distante geração futura.

Na verdade, enquanto estava na clandestinidade, apesar de bem à vista em Belgrado, disfarçado de charlatão da Nova Era, Karadžić frequentava um bar chamado Hospício – *Luda kuća*. O Hospício oferecia apresentações semanais de poesia épica sérvia acompanhadas de *gusle*. Ali, havia fotos do tempo da guerra, fotos dele e do general Ratko Mladić, o líder militar dos sérvios bósnios (atualmente em julgamento em Haia) orgulhosamente penduradas nas paredes. Um jornal local anunciou que, em pelo menos uma ocasião, Karadžić recitou um poema épico em que ele próprio aparecia como o herói principal, realizando façanhas de extermínio. Considere o terrível pós-modernismo da situação: um criminoso de guerra clandestino narrando seus próprios crimes em decassílabos, apagando sua personalidade para poder reafirmá-la de forma heroica e convincente.

A trágica e dolorosa ironia de tudo isso é que Karadžić representou seu papel histórico, pseudo-heroico, em menos de 10 anos. No lampejo de seu caldeirão infernal, centenas de milhares morreram, milhões (inclusive minha família) foram desalojados, um número incontável de pessoas pagou com dor indescritível por sua inclusão no panteão da poesia épica sérvia. Após sua prisão sob o grotesco disfarce de um charlatão espiritual, pode-se imaginá-lo decantando a si próprio como um sábio para seus colegas de cárcere em Haia.

Se você for um escritor, será difícil não ver uma espécie de lição do tipo *Shakespeare-para-idiotas* na história de Radovan Karadžić: seu verdadeiro e único lar era o inferno que ele criou para os outros. Antes de se tornar o líder dos sérvios bósnios e depois de ter sido deposto pelo presidente da Sérvia, Slobodan Milošević (que foi defensor de Karadžić até ele deixar de ser útil), Karadžić era um prosaico desconhecido. Um psiquiatra medíocre, um poeta menor e um insignificante estelionatário antes da guerra, na época de sua prisão ele era um grotesco médico charlatão, com uma touceira de cabelos amarrados na testa para atrair energia cósmica. Foi somente durante a guerra, atuando em um palco encharcado de sangue, que ele pôde desenvolver completamente seu potencial animalesco. Ele era o que era porque o que não podia acontecer acabou de fato acontecendo.

VIDAS DE CACHORRO
■ ■ ■

Quando eu era criança, levava para casa todo cachorrinho sarnento que encontrava nas ruas. Arrumava uma cama macia para eles com as almofadas do sofá, depois ia para a escola, deixando meu aspirante a animal de estimação desfrutando sua nova vida, na esperança de que, quando o filhote se sentisse suficientemente em casa, estaria pronto para assumir uma amizade para toda a vida comigo. Mas quando meus pais voltavam para casa depois do trabalho, encontravam a casa numa completa bagunça: o filhote teria mastigado as almofadas e urinado no assoalho. Rapidamente, meu candidato a amigo para toda a vida era despejado para as ruas brutais de Sarajevo.

Tanto meu pai quanto minha mãe nasceram em famílias pobres de camponeses, dependentes do trabalho árduo dos animais da fazenda, onde a ideia de ter um animalzinho de estimação não tinha lugar. Assim, eu me via discutindo acaloradamente com meus pais pelo direito de ter um cachorro. Minha família não era uma instituição democrática e fui severamente forçado a compreender que minhas obrigações para com a família sobrepujavam todos os outros deveres e paixões. Quanto a direitos, não havia nenhum contrato familiar garantindo para mim qualquer coisa além de casa, comida, educação e amor. O derradeiro e enferrujado prego no caixão das minhas esperanças de ter um animalzinho de estimação foi o argumento de minha mãe, difícil de ser refutado, de que se eu não cuidava da minha própria limpeza, certamente não iria cuidar da limpeza para um cachorro.

Minha irmã Kristina, porém, era (e ainda é) uma teimosa força da natureza. Enquanto eu frequentemente me via lutando por meu direito de discutir meu direito de ter direitos, minha decidida irmã tinha uma abordagem diferente e muito mais eficiente. Ela não perdia tempo discutindo seus direitos com nossos pais; simplesmente agia como se axiomaticamente os possuísse e os exerça segundo sua vontade.

Primeiro, ela trouxe um gato siamês para dentro de casa, o qual morreu de uma espécie de peritonite tão rara que doamos seu corpinho a um pesquisador de uma escola de veterinária. O gato seguinte era na verdade uma gata malhada, que deixávamos sair para a rua, até que foi atropelada por um carro. Nossa mãe, desolada, proibiu terminantemente qualquer outro animal de estimação em casa; ela não conseguia, disse, lidar com a perda.

Kristina, já tendo há muito tempo afirmado seu incontestável direito de fazer o que bem lhe aprouvesse, ignorou completamente a proibição. Na primavera de 1991, recrutou seu novo namorado para levá-la de carro a Novi Sad, uma cidade ao norte da Sérvia, a cerca de 300 quilômetros de Sarajevo, onde ela de alguma forma descobrira um criador de cães de raça. Com o dinheiro que economizara de seus biscates como modelo, comprou um magnífico, flamejantemente ruivo filhote de setter irlandês e o levou para casa. Meu pai ficou chocado – cachorros na cidade eram evidentemente inúteis, um resplandecente setter irlandês ainda mais – e de uma maneira pouco convincente exigiu que ela o devolvesse imediatamente ao vendedor; obviamente, ela o ignorou. Minha mãe esboçou uma previsível resistência retórica a mais uma criatura com a qual ela iria se preocupar, mas era evidente que ela se apaixonara pelo cãozinho na mesma hora. Dentro de um ou dois dias, ele mastigou o sapato de alguém e foi imediatamente perdoado. Nós o chamamos de Mek.

Em uma cidade pequena como Sarajevo, ninguém consegue viver isolado e todas as experiências acabam sendo partilhadas. Na época da chegada de Mek, meu melhor amigo, Veba, que vivia do outro lado da rua, em frente ao nosso prédio, também comprou um cachorro, um pastor alemão chamado Don. Čika-Vlado, pai de Veba, um oficial de baixa patente do Exército do Povo da Iugoslávia, trabalhava em um depósito militar perto de Saravejo onde uma cadela dera à luz uma ninhada de filhotes. Veba escolheu o mais retardado, mais desajeitado, já que sabia que, se fossem sacrificados, ele seria o primeiro.

Veba fora o primeiro namorado de Kristina e o único de quem eu realmente gostei. Começaram a namorar no colégio e terminaram uns dois anos depois; minha irmã ficou descontente no início, mas eu e ele continuamos amigos. Éramos praticamente inseparáveis, especialmente depois que começamos a tocar em uma banda juntos. Depois que minha irmã se recobrou da separação, eles retomaram sua amizade. Logo depois da chegada dos filhotes, geralmente saíam juntos para levar seus cachorrinhos para passear. Não vivendo mais com meus pais, eu ia à nossa casa frequentemente para comer e passar algum tempo com minha família, especialmente depois da chegada de Mek – eu adorava levá-lo para passear, meu sonho de infância de ter um animal de estimação realizado por minha indômita irmã. Veba e eu caminhávamos com Mek e Don pela margem do rio ou nos sentávamos em um banco e ficávamos vendo-os rolar pela grama, enquanto fumávamos e conversávamos sobre música e livros, garotas e filmes, nossos cachorros brincando, tentando abocanhar a garganta um do outro. Eu não sei como os cachorros se tornam amigos, mas Mek e Don eram tão amigos quanto eu e Veba.

A última vez que eu me lembro de ver os cachorros juntos foi quando fui para Jahorina para celebrar a chegada de 1992. Além de minha irmã, eu e nossos amigos – 10 seres humanos ao todo –, havia ainda três cachorros: além de Mek e Don, nosso amigo Guša levara Laki, um cachorro de raça indefinida, cheio de energia (Guša dizia que ele era um "coquetel" spaniel). No espaço restrito da pequena cabana da montanha, as pessoas tropeçavam nos cachorros, enquanto eles sempre se envolviam em alguma discussão canina e tinham que ser separados. Certa noite, enquanto jogávamos baralho, um jogo chamado Preference, até altas horas, Guša e eu começamos uma discussão aos berros, o que deixou os cachorros malucos — houve latidos e gritaria capazes de arrancar o telhado. Recordo-me desse momento com carinho, pois toda a intensa intimidade de nossa vida prévia comum estava ali envolvida. Eu não sabia na ocasião que a semana que passamos juntos viria a ser uma festa de despedida à nossa vida em Sarajevo. Cerca de duas semanas depois, parti para os Estados Unidos, para nunca mais voltar à nossa cabana na montanha.

Minha irmã e Veba ainda se lembram da última vez que Mek e Don estiveram juntos: foi em abril de 1992. Eles haviam levado os cachorros para dar uma volta no parque próximo; havia um tiroteio nas colinas ao redor de Sarajevo; um avião do Exército do Povo da Iugoslávia ameaçadoramente rompeu a barreira do som acima da cidade; os cachorros latiram como loucos. Kristina e Veba se despediram com um "Até logo!", mas só voltariam a se ver dali a cinco anos.

Pouco tempo depois, minha irmã seguiu seu mais recente namorado para Belgrado. Meus pais ainda ficaram para trás por mais umas duas semanas, durante as quais os disparos e os bombardeios aumentaram diariamente. Cada vez mais, passavam mais tempo com seus vizinhos no abrigo improvisado no porão, tentando acalmar Mek. Em 2 de maio de 1992, levando Mek pela coleira, tomaram um trem para fora de Sarajevo antes que todas as saídas fossem fechadas e o cerco implacável começasse. Logo a estação de trem sofreu um ataque de míssil; nenhum trem partiria mais da cidade nos quase 10 anos seguintes.

Meus pais foram para a pequena cidade a noroeste da Bósnia onde meu pai havia nascido, a poucos quilômetros da cidade de Prnjavor, que caíra nas mãos dos sérvios. A casa dos meus falecidos avós continuava de pé em uma colina chamada Vučijak (que se pode traduzir por Colina dos Lobos). Meu pai andara criando abelhas na propriedade da família e insistiu em deixar Sarajevo principalmente porque estava na hora de prepará-las para o verão. Em uma negação deliberada da possibilidade concreta de que talvez não voltassem por muito tempo a Sarajevo, não levaram nenhuma roupa quente, nem passaportes, apenas uma pequena mala de roupas de verão.

Passaram os primeiros meses da guerra em Vučijak, tendo como principal meio de subsistência a criação de abelhas de meu pai e a horta de minha mãe. Comboios de soldados sérvios bêbados passavam por ali a caminho de alguma operação de limpeza étnica ou de volta do *front*, entoando canções de massacres e furiosamente atirando para o alto. Meus pais, escondidos dentro de casa, ouviam secretamente o noticiário da Sarajevo sitiada. Mek às vezes perseguia alegremente os caminhões militares e meus pais corriam desesperadamente atrás dele, chamando-o, aterrorizados que os soldados bêbados pudessem atirar nele só por maldade. Quando não havia caminhões, nem soldados por perto, Mek subia e descia as encostas correndo, lembrando-se, talvez – ou assim eu gostaria de pensar – de nossos dias na Jahorina.

Naquele verão, Mek adoeceu. Não conseguia ficar em pé; recusava comida e água, havia sangue em sua urina. Meus pais o deitaram no chão do banheiro, que era o lugar mais fresco da casa. Minha mãe o afagava e conversava com ele, enquanto ele ficava fitando-a diretamente nos olhos – ela sempre afirmou que ele compreendia tudo que ela lhe dizia. Chamaram o veterinário, mas o consultório do veterinário tinha apenas um carro à disposição, que estava sempre em serviço, atendendo todos os animais doentes da região. Finalmente, depois de dois dias, o veterinário chegou. No mesmo instante ele reconheceu que Mek estava infestado de carrapatos, todos eles inchados com seu sangue, envenenando-o. O prognóstico não era bom, ele disse, mas no consultório ele poderia lhe dar uma injeção que deveria ajudar. Meu pai pediu emprestado ao meu tio o trator e a carroça onde os porcos normalmente eram transportados ao matadouro. Colocou Mek, bem fraco, na carroça e desceu a colina, até Prnjavor, para que Mek pudesse tomar a injeção que poderia salvar sua vida. No caminho, os caminhões do exército sérvio passaram por ele, os soldados olhando para Mek, ofegante.

A injeção mágica funcionou e Mek sobreviveu, recuperando-se depois de alguns dias. Então, foi a vez de minha mãe ficar terrivelmente doente. Estava com a vesícula cheia de pedras e infeccionada – quando estavam em Sarajevo, haviam lhe sugerido que fizesse uma cirurgia para removê-las, que ela temia e continuara a adiar, até que a guerra eclodiu. Seu irmão, meu tio Milisav, veio de Subotica, uma cidade na fronteira sérvio-húngara, e levou-a de volta para uma cirurgia de emergência. Meu pai teve que esperar que seu amigo Dragan viesse para levar Mek e ele. Enquanto meu pai preparava as abelhas para sua longa ausência, Mek ficava deitado ao seu lado, estendido na grama, fazendo-lhe companhia.

Dragan chegou dois dias depois. No caminho, foi parado no posto de controle no topo de Vučijak. Os homens eram cabeludos, bêbados e impacientes. Perguntaram a Dragan aonde ele estava indo, e quando ele explicou que meu pai esperava por ele, disseram-lhe ameaçadoramente que já estavam vigiando meu pai há algum tempo, que sabiam tudo sobre sua família (que era etnicamente ucraniana – no começo daquele ano, a igreja ucraniana em Prnjavor tinha sido destruída pelos sérvios), sabiam muito bem sobre seu filho (isto é, eu), que escrevera contra os sérvios e agora estava nos Estados Unidos. Disseram a Dragan que estavam prontos a cuidar do meu pai de uma vez por todas. Os homens pertenciam a uma unidade paramilitar que se autodenominava Vukovi (os Lobos) e eram comandados por um tal de Veljko, que alguns anos antes meu pai expulsara de uma reunião que organizara para discutir como levar água corrente de um poço de montanha próximo dali. Veljko mais tarde iria para a Áustria, seguindo uma próspera carreira criminosa, retornando pouco antes da guerra para formar sua unidade paramilitar. "Diga ao Hemon que nós vamos atrás dele", disseram os Lobos a Dragan quando o deixaram passar.

Quando Dragan relatou o incidente, que ele levou muito a sério, meu pai achou que era melhor tentar sair dali o mais rápido possível, ao invés de ficar esperando que viessem à noite e cortassem sua garganta. Na barreira de controle, a guarda acabara de ser trocada e os novos homens não estavam bêbados nem eram beligerantes demais para se importar, de modo que meu pai e Dragan receberam sinal para passar. Os Lobos do posto de controle não sentiram o cheiro, nem viram Mek, porque papai o manteve no chão do carro. Mais tarde, em sua raiva irracional, ou possivelmente tentando roubar o mel, os Lobos destruíram as colmeias de meu pai. (Em uma carta que ele enviara a Chicago, me contava que de todas as perdas que a guerra lhe havia infligido, a mais dolorosa tinha sido perder suas abelhas.)

No caminho para a fronteira sérvia, meu pai e Dragan passaram por muitos postos de controle. Meu pai estava preocupado que, se os homens que controlavam os postos vissem um belo setter irlandês, iriam compreender imediatamente que ele vinha de uma cidade, já que havia bem poucos dessa raça no interior da Bósnia, amplamente povoada por vira-latas sarnentos e lobos. Além disso, os homens armados poderiam facilmente se irritar por alguém estar tentando salvar um cachorro de luxo no meio de uma guerra, quando as pessoas estavam sendo mortas por todo lado. A cada barreira de controle, Mek tentava se levantar e meu pai o pressionava para baixo com a mão, sussurrando palavras tranquilizadoras em seu ouvido; Mek voltava a se deitar. Ele nunca fez nenhum barulho, nunca insistiu em se levantar e, milagrosamente, ninguém nos postos de controle o notou. Meu pai e Dragan atravessaram a fronteira e continuaram até Subotica.

Enquanto isso, na Sarajevo sitiada, Veba foi recrutado pelo exército bósnio, defendendo a cidade do antigo Exército do Povo da Iugoslávia, agora transformado da noite para o dia no genocida exército sérvio. O pai de Veba, por outro lado, prestava serviço em um depósito militar fora de Sarajevo quando as hostilidades começaram e foi preso pelos bósnios logo depois do começo da guerra. Veba e sua família não tiveram notícias dele por aproximadamente dois anos, sem saber se ele estava vivo ou morto.

Enquanto minha família estava espalhada por outras partes, Veba continuava a viver do outro lado da rua, em frente ao nosso prédio. Dividia um pequeno apartamento com sua namorada, mãe, irmão e Don. Logo, a comida se tornou escassa – um bom jantar na cidade sitiada era uma fatia de pão borrifada de azeite; para algumas pessoas, arroz era tudo que havia disponível, refeição após refeição, dia após dia. Bandos de cachorros abandonados vagavam pela cidade, às vezes atacando as pessoas, às vezes devorando cadáveres frescos. Ter, e alimentar, um cachorro era um luxo suspeito, mas a família de Veba compartilhava com Don o que quer que tivessem – todos eles agora eram pele e osso. Muitas vezes, não havia nada a compartilhar e Don de algum modo compreendia a dificuldade da situação e nunca reclamava. Durante os bombardeios, Don ficava andando de um lado para o outro no apartamento, fungando e uivando. Só se acalmava quando toda a família de Veba estava no mesmo aposento; ele se deitava e ficava vigiando-a atentamente. De vez em quando, brincavam com ele perguntando "Onde está Mek? Onde está Mek?", e Don corria para a porta da frente e começava a latir animadamente, lembrando-se do seu amigo.

Quando levavam Don à rua, Veba e sua família tinham que permanecer dentro de um espaço estreito atrás do paredão do prédio, fora da vista dos atiradores de elite sérvios. As crianças brincavam com ele e ele deixava que o afagassem.

Em poucas semanas, Don desenvolveu uma estranha habilidade de pressentir um ataque iminente de morteiro: ele latia e se movia em círculos, nervosamente; com os pelos eriçados, pulava nos ombros da mãe de Veba e a empurrava até ela e todos os outros correrem de volta para dentro do prédio. Instantes depois, os projéteis começavam a explodir perto dali.

Meu pai e Mek, por fim, juntaram-se à minha mãe em Subotica. Depois que ela se recuperou suficientemente da operação de vesícula, meus pais mudaram-se para Novi Sad, perto dali, onde o outro irmão de minha mãe tinha um pequeno apartamento de um quarto onde eles podiam ficar. Passaram ali cerca de um ano, tentando durante todo esse tempo conseguir os documentos necessários para emigrar para o Canadá. Nessa época, meu pai frequentemente ficava fora por várias semanas, trabalhando na Hungria com a companhia de construção de Dragan. A presença constante de Mek e as visitas ocasionais de minha irmã proporcionavam à minha mãe seu único consolo. Ela sentia saudades de Sarajevo, horrorizada com o que estava acontecendo na Bósnia, insultada pela implacável propaganda sérvia despejada no rádio e na TV. Passava dias chorando, e Mek colocava a cabeça em seu colo e levantava seus olhos úmidos para ela, que via nele seu único amigo. Todos os dias, ela sofria ao ter que confrontar o fato de que haviam perdido tudo pelo qual trabalharam durante toda a vida; o único remanescente de sua vida anterior era o belo setter irlandês.

 O apartamento de um quarto em Novi Sad estava sempre cheio de refugiados da Bósnia – amigos de amigos ou parentes de parentes – que meus pais abrigavam até que os infelizes pudessem partir para a Alemanha, França ou algum outro lugar onde não eram desejados e nunca seriam. Dormiam espalhados pelo chão, minha mãe pisando nas pessoas a caminho do banheiro, Mek sempre em seus calcanhares. Ele nunca incomodava os refugiados, nunca latia para eles. Deixava as crianças brincarem com ele.

Sendo o jovem macho que era, Mek de vez em quando brigava com outros cachorros. Certa vez, quando minha mãe o levou à rua, ele entrou em confronto com um truculento Rottweiler. Tentou separá-los, insensatamente, já que estavam quase avançando no pescoço um do outro, e o Rottweiler fez um rasgo na mão de minha mãe. Kristina estava lá na ocasião e levou nossa mãe à emergência do hospital, onde não tinham absolutamente nada com que tratar o ferimento; deram-lhe apenas o endereço de um médico que poderia lhes vender ataduras e uma injeção contra tétano. Elas não tinham dinheiro suficiente para pagar a passagem de volta e o motorista do táxi disse que voltaria no dia seguinte para receber o restante do pagamento. Minha irmã disse-lhe sem rodeios que ele não precisava voltar porque não teriam o dinheiro no dia seguinte, nem no dia seguinte ao seguinte, nem tão cedo. (O motorista não insistiu: a inflação diária na Sérvia na época era de cerca de 300 por cento e o dinheiro já não valeria mais nada no dia seguinte, de qualquer forma.) Ainda por muitos anos, minha mãe não conseguiria mover normalmente, nem segurar nada com aquela mão. Mek ficava alucinado se sentisse o cheiro de um Rottweiler no mesmo quarteirão.

■ ■ ■

No outono de 1993, meus pais e minha irmã finalmente conseguiram todos os documentos e as passagens de avião para o Canadá. Parentes e amigos foram se despedir. Todos tinham certeza de que nunca mais os veriam. Houve muitas lágrimas, como em um funeral. Mek percebeu que alguma coisa estava acontecendo; ele nunca perdia meu pai ou minha mãe de vista, como se temesse que o deixassem para trás; tornou-se especialmente carinhoso, colocando a cabeça no colo deles sempre que podia, encostando-se em suas pernas quando deitado. Apesar de enternecido com o amor de Mek, meu pai não queria levá-lo para o Canadá – ele não sabia o que os aguardava lá; onde iriam morar, se conseguiriam cuidar de si mesmos, quanto mais do cachorro. Minha mãe se recusava sequer a discutir a possibilidade de se mudar para o Canadá sem Mek; ela começava a chorar só de pensar em deixá-lo com estranhos.

Em Sarajevo, Veba casou-se, e ele e sua mulher se mudaram do prédio em frente ao nosso. Don permaneceu com a mãe e o irmão de Veba porque os deveres de Veba o mantinham fora de casa por longos períodos, enquanto sua mulher, trabalhando para a Cruz Vermelha, em geral também não estava em casa. Seguindo um funcionário da Cruz Vermelha em uma inspeção de um campo de prisioneiros de guerra bósnio, a mulher de Veba descobriu que seu pai estava vivo. Desde que deixara de voltar do trabalho para casa no começo da guerra, Don – estimulado pela pergunta "Onde está Vlado?" – saltava no cabideiro onde o pai de Veba costumava pendurar seu uniforme. Apesar de *čika*-Vlado ter sido libertado do campo de prisioneiros de guerra quase no fim da guerra, Don jamais voltaria a vê-lo.

Eu recebia apenas notícias intermitentes da família de Veba – uma carta de Veba remetida por um amigo estrangeiro que podia entrar e sair da zona de guerra bósnia; um telefonema repentino, no meio da noite, de um telefone via satélite, conseguido por um amigo que trabalhava em um centro de jornalistas estrangeiros. Durante o cerco, as linhas de telefone comuns geralmente não funcionavam, mas de vez em quando, inexplicavelmente, voltavam a funcionar, de modo que eu tentava aleatoriamente entrar em contato com meu melhor amigo. Certa noite em 1994, bem tarde, liguei para a família de Veba de Chicago, num impulso. Era de manhã bem cedo em Sarajevo, mas a mãe de Veba atendeu imediatamente. Ela soluçava incontrolavelmente, de modo que meu primeiro pensamento foi que Veba tinha sido morto. Ela se recompôs o suficiente para me dizer que meu amigo estava bem, mas que alguém tinha envenenado o cachorro deles. Don passara a noite toda com dores horríveis, vomitando uma gosma amarela, ela disse; ele acabara de morrer, pouco antes do meu telefonema. Veba também estava lá; ao receber a notícia, ele saíra de seu apartamento, de bicicleta, no meio da noite, o toque de recolher ainda em vigor, arriscando sua vida. Chegara a tempo de segurar Don nos braços enquanto ele morria e chorava ao telefone comigo. Não consegui encontrar nenhuma palavra para consolá-lo, como nunca pude oferecer nenhum consolo a meus amigos sitiados. Veba enrolou Don em uma coberta, carregou-o pelos 15 andares de escadas e enterrou-o com sua bola de tênis favorita atrás do paredão do prédio.

Meu pai reconheceu o quanto minha mãe ficaria inconsolável sem Mek e finalmente capitulou. Em dezembro de 1993, meus pais, minha irmã e Mek chegaram ao Canadá, e eu viajei imediatamente de Chicago para encontrá-los. Assim que entrei pela porta do apartamento quase vazio no décimo quinto andar, em Hamilton, Ontario, Mek correu ao meu encontro, abanando a cauda, feliz de me ver. Fiquei surpreso que ele me reconhecesse depois de quase três anos. Eu sentia que várias partes de quem eu era em Sarajevo haviam desaparecido, mas quando Mek colocou a cabeça em meu colo, uma parte de mim se refez.

Mek teve uma vida feliz em Hamilton. Minha mãe sempre dizia que era um "garoto de sorte". Ele morreu em 2007, aos 17 anos. Meus pais jamais consideraram ter outro cachorro novamente. Minha mãe cria um periquito atualmente e chora toda vez que Mek é mencionado.

Veba mudou-se para o Canadá em 1998. Mora em Montreal com a mulher e os filhos. Após anos recusando-se a ter outro cachorro, um lindo descendente de huski chamado Kahlua agora faz parte da família. Minha irmã mora em Londres; nunca teve outro cachorro depois de Mek. Eu me casei com uma mulher que nunca deixou de ter um cachorro, e agora temos um leão da Rodésia chamado Billie.

O LIVRO DA MINHA VIDA
■ ■ ■

O professor Nikola Koljević possuía os dedos longos e finos de um pianista. Apesar de ser agora um professor de literatura – ele foi meu professor na Universidade de Sarajevo no final da década de 1980 –, quando estudante ele se sustentara tocando piano nos bares de jazz de Belgrado. Ele até fizera um bico como membro da orquestra de um circo – sentava-se na beira da arena, eu imaginava, com uma tragédia de Shakespeare aberta acima das teclas do piano, flexionando os dedos, ignorando os leões, esperando os palhaços entrarem.

O professor Koljević ministrava um curso de poesia e crítica, no qual líamos poesia com um olhar crítico – o New Critic Cleanth Brooks era seu santo padroeiro. Em suas aulas, aprendemos a analisar as propriedades intrínsecas de uma obra literária, negligenciando política, biografia ou qualquer aspecto externo ao texto. A maioria dos outros professores fazia suas palestras desapaixonadamente, até mesmo de modo arrogante; sempre possuídos pelos demônios do tédio acadêmico, não pediam nada de nós em particular. Na aula do professor

Koljević, ao contrário, desembrulhávamos poemas como presentes de Natal e a solidariedade criada por nossas descobertas comuns enchia a sala quente e pequena no último andar da faculdade de filosofia.

Ele era incrivelmente erudito. Frequentemente, citava Shakespeare em inglês de memória, o que sempre me impressionava; eu também queria ter lido tudo e ser capaz de citar grandes autores de cor. Também dava um curso de redação – o único curso de redação que fiz – no qual líamos os ensaístas clássicos, a começar por Montaigne, e depois tentávamos produzir alguns pensamentos grandiosos, mas conseguindo apenas apresentar desafortunadas imitações. Ainda assim, era lisonjeiro que ele achasse remotamente possível que pudéssemos escrever algo pertencente ao mesmo universo de Montaigne. Fazia-nos sentir como se tivéssemos sido pessoalmente convidados a participar da bela e nobre atividade literária.

Certa vez, o professor Koljević nos contou a respeito do livro que sua filha começara a escrever aos 5 anos. Ela o intitulara "O livro da minha vida", mas escrevera apenas o primeiro capítulo. Planejara esperar acumular mais vida, disse-nos ele, antes de começar o Capítulo 2. Rimos, nós mesmos ainda em nossos primeiros capítulos, alheios à trama maligna que se desenvolvia aceleradamente ao nosso redor.

Depois que me formei, telefonei ao professor Koljević para lhe agradecer pelo que ele havia me ensinado, por me apresentar ao mundo que podia ser conquistado por meio da leitura. Naquela época e naquele lugar, telefonar-lhe foi um ato de coragem para um estudante que sempre nutria um temor reverente por seus professores, mas ele não ficou aborrecido. Convidou-me para um passeio à tarde ao longo do rio Miljacka e discutimos vida e literatura como amigos e iguais. Colocou a mão no meu ombro enquanto caminhávamos, os dedos curvados como ganchos para se agarrarem, pois eu era consideravelmente mais alto do que ele. Era desconfortável, mas eu não disse nada. Ele havia, lisonjeiramente, atravessado uma fronteira, e eu não queria desfazer a intimidade.

Pouco depois de nosso passeio, comecei a trabalhar como editor para a *Naši dani*. Mais ou menos na mesma época, o professor Koljević tornou-se um dos mais altos membros do Partido Democrata Sérvio, uma organização virulentamente nacionalista, chefiada por Karadžić, o poeta sem talento, destinado a se tornar o mais procurado criminoso de guerra do mundo. Compareci às coletivas de imprensa desse partido e ouvi a paranoia e o racismo desvairados de Karadžić, sua imponente cabeça assomando em nosso horizonte: grande, cúbica, encimada por uma cabeleira grisalha e desgrenhada. E o professor Koljević também estava lá, sentado ao lado de Karadžić: pequeno, solene e acadêmico, com grandes óculos de lentes grossas, usando um casaco de tweed com cotovelos de camurça, os dedos longos frouxamente cruzados diante do rosto, como se estivessem suspensos entre uma prece e um aplauso. Depois de uma coletiva, fui cumprimentá-lo, obsequiosamente, acreditando que ao menos ainda compartilhávamos o amor pelos livros. "Fique fora disso", aconselhou-me. "Atenha-se à literatura."

Em 1992, quando o ataque sérvio à Bósnia e o cerco a Sarajevo começaram, vim para os Estados Unidos. A salvo em Chicago, vi atiradores de elite sérvios atirarem nos joelhos e tornozelos de um homem que tentava escapar de um caminhão que fora atingido por um míssil. Nas capas de revistas, vi prisioneiros macilentos em campos de concentração sérvios, e os rostos aterrorizados das pessoas correndo pela alameda dos Franco-atiradores. Vi a biblioteca de Sarajevo desaparecer em chamas deliberadas, pacientes.

A diabólica ironia de um poeta (mesmo tendo sido um mau poeta) e professor de literatura causando a destruição de centenas de milhares de livros não me passou despercebida. No noticiário, eu às vezes vislumbrava o professor Koljević de pé ao lado de Karadžić, que estava sempre negando alguma coisa – o que estava acontecendo era para ele "autodefesa" ou não estava acontecendo de forma alguma. De vez em quando, o próprio professor Koljević conversava com os repórteres, fazendo pouco de perguntas sobre campos de estupro ou repudiando todas as acusações de crimes sérvios como lamentáveis infortúnios que acontecem em toda "guerra civil". Em *Os problemas que vimos*, de Marcel Ophüls, um documentário sobre jornalistas estrangeiros que cobriam a guerra na Bósnia, o professor Koljević – rotulado "sérvio shakespeariano" – fala a um repórter da BBC, distribuindo chavões em inglês impecável e explicando que o barulho das bombas sérvias caindo em Sarajevo que se ouvia ao fundo era parte de um ritual de comemoração do Natal ortodoxo. "Obviamente", ele disse, "desde os tempos antigos, os sérvios gostam de fazer isso." Sorriu ao falar, aparentemente satisfeito com sua própria astúcia. "Mas nem é Natal", observou o repórter da BBC.

Fiquei obcecado com o professor Koljević. Tentava identificar o primeiro momento em que eu podia ter notado suas tendências genocidas. Devastado pela culpa, lembrava-me das aulas e das conversas que tivéramos, como se procurasse no meio de cinzas – as cinzas da minha biblioteca. Eu *desli* livros e poemas de que costumava gostar, de Emily Dickinson a Danilo Kiš, de Frost a Tolstói – *desaprendendo* o modo como ele havia me ensinado a apreciá-los, porque eu devia ter percebido, eu devia ter prestado atenção. Eu estivera mergulhado nos detalhes dos textos, era impressionável e não tinha a menor consciência de que meu professor favorito tramava um grande crime. Mas o que foi feito não pode ser desfeito.

Agora me parece claro que sua malignidade teve muito mais influência em mim do que sua visão literária. Extirpei e apaguei aquela parte de mim, jovem e preciosa, que acreditara que era possível escapar da história e se esconder do mal nos confortos da arte. Talvez por causa do professor Koljević a minha escrita seja imbuída de mal-humorada impaciência com a tagarelice burguesa, lamentavelmente maculada com uma raiva impotente da qual não consigo me libertar.

Quase no fim da guerra, o professor Koljević caiu em desgraça com Karadžić e foi rebaixado dos reinos do poder. Passava o tempo bebendo desbragadamente, de vez em quando dando uma entrevista a um jornalista estrangeiro, lamuriando-se sobre injustiças cometidas contra o povo sérvio em geral e contra ele em particular. Em 1997, ele estourou os seus miolos carregados de Shakespeare. Teve que atirar duas vezes, seu longo dedo de pianista tendo aparentemente tremido na hora de apertar o gatilho de difícil manejo.

AS VIDAS DE UM *FLÂNEUR*
■ ■ ■

Na primavera de 1997, voei de Chicago, onde estava morando, a Sarajevo, onde nasci e cresci. Era meu primeiro retorno a Sarajevo desde que a guerra na Bósnia-Herzegovina terminara um ano e meio antes. Eu partira alguns meses antes do cerco à cidade começar. Eu não tinha ninguém da família ali (meus pais e minha irmã agora viviam no Canadá), exceto *teta*-Jozefina, que eu considerava minha avó. Quando meus pais mudaram para Sarajevo, depois de terem se formado em 1963, alugaram um quarto no apartamento de Jozefina e seu marido, Martin, na parte da cidade chamada Marin dvor. Naquele quarto alugado, eu fui concebido e vivi os dois primeiros anos de minha vida. *Teta*-Jozefina e *čika*-Martin, que tinham dois filhos adolescentes na época, tratavam-me como seu próprio neto – até hoje, minha mãe acredita que eles me mimaram e estragaram para sempre. Por uns dois anos depois que nos mudamos para outra parte de Sarajevo, todo santo dia eu tinha que ser levado a Marin dvor para visitá-los. E até a guerra destruir nossa vida em comum, passávamos todo Natal na casa de *teta*-Jozefina e *čika*-Martin. Todo ano, seguíamos o mesmo ritual: os mesmos pratos elaborados e calóricos abarrotando a enorme mesa, o mesmo vinho herzegovino fazendo arder a língua, as mesmas pessoas contando as mesmas piadas e histórias, inclusive aquela em que eu, ainda engatinhando, corria nu para cima e para baixo do corredor antes do meu banho de toda noite.

Čika-Martin morreu de um derrame perto do fim do cerco, de modo que, em 1997, *teta*-Jozefina estava morando sozinha. Fiquei com ela durante a minha volta, no quarto (e possivelmente na mesma cama) em que eu havia começado minha vida cansativamente confusa. As paredes estavam marcadas por balas e estilhaços – o apartamento ficava diretamente na linha de visão de um franco-atirador sérvio do outro lado do rio. *Teta*-Jozefina era uma católica devota e, de certo modo, conseguia acreditar na bondade humana intrínseca, apesar das abundantes provas em contrário à sua volta. Achava que o franco-atirador era essencialmente um homem bom porque durante o cerco, disse ela, ele havia muitas vezes atirado acima de sua cabeça e da cabeça de seu marido para avisá-los de que os estava vigiando e que não deviam se movimentar tão despreocupadamente em seu próprio apartamento.

Nos meus primeiros dias de volta a Sarajevo, fiz pouco mais além de ouvir suas histórias deprimentes e angustiantes do cerco, inclusive um relato detalhado da morte de seu marido (onde estava sentado, o que dissera, como tombara), e perambular pela cidade. Eu tentava reconciliar a nova Sarajevo com a versão de 1992 que eu levara para os Estados Unidos. Não era fácil, para mim, compreender como o cerco havia transformado a cidade, porque a transformação não era tão simples e óbvia. Tudo estava fantasticamente diferente do que eu conhecera e tudo estava fantasticamente igual ao que era antes. Nosso velho quarto (e possivelmente cama) continuava igual; os prédios continuavam no mesmo lugar; as pontes cruzavam o rio nos mesmos locais; as ruas seguiam a mesma lógica obscura, mas familiar; o layout da cidade continuava inalterado. Mas o quarto estava maculado com cicatrizes do cerco; os prédios haviam sido mutilados pelo bombardeio de projéteis e estilhaços, ou haviam sido reduzidos a escombros; o rio era a linha de frente, de modo que algumas pontes haviam sido destruídas e quase tudo em sua vizinhança fora lançado por terra; as ruas estavam fraturadas por marcas de morteiros – rachaduras irradiando de uma pequena cratera no ponto de impacto, que um grupo de arte havia enchido de tinta vermelha e que a população de Sarajevo agora, incrivelmente, chamava de "rosas".

Revisitei todos os meus locais favoritos no centro da cidade, depois vaguei pelas ruas estreitas no alto das colinas, além das quais se estendia um mundo verdejante de campos minados não mapeados. Entrei aleatoriamente em saguões e porões de vários prédios, simplesmente para sentir seu cheiro: além do cheiro familiar de malas de couro, revistas velhas e pó de carvão úmido, havia o odor de vida dura e de esgoto – durante o cerco, as pessoas se abrigavam do bombardeio nos porões. Flanei pelos cafés, tomando café que tinha um sabor diferente do que eu me lembrava de antes da guerra – agora tinha gosto de milho queimado. Como um bósnio em Chicago, eu experimentara uma forma de deslocamento, mas este era diferente: eu estava deslocado em um lugar que já fora meu. Em Sarajevo, tudo ao meu redor era tão familiar a ponto de doer e ao mesmo tempo inteiramente estranho e distante.

Certo dia, eu estava passeando, sem rumo e ansiosamente, pela rua cujo nome pré-guerra era *Ulica JNA* (Rua do Exército do Povo da Iugoslávia), e agora *Ulica Branilaca Sarajeva* (rua Defensores de Sarajevo). Ao passar pelo que antes era chamado, nos tempos do socialismo – o que agora parecia definitivamente pré-histórico –, Universidade dos Trabalhadores (*Radnički univerzitet*), algo me fez virar e olhar por cima do ombro, para dentro da cavernosa entrada. O gesto não foi por minha própria vontade, foi meu corpo que virou minha cabeça para trás, enquanto minha mente continuou em frente por alguns passos. Ameaçando o impaciente trânsito de pedestres, fiquei parado diante da antiga Universidade dos Trabalhadores, até perceber o que me fizera olhar para trás: a Universidade dos Trabalhadores costumava abrigar um cinema (fora fechado uns dois anos antes da guerra) e sempre que eu passava por ali naquela época, olhava as vitrines onde os cartazes e horários das sessões estavam afixados. Das frestas sem luz da memória corporal, meu corpo se lembrara do ato de me virar para ver o que estava em cartaz. Meu corpo fora treinado para reagir ao estímulo urbano na forma de um novo cartaz de cinema, e ainda se lembrava, o desgraçado, do jeito que se lembraria de como nadar se fosse lançado em águas profundas. Em seguida a essa virada involuntária, minha mente foi inundada com uma lembrança banal, se não proustiana: uma vez em Sarajevo, na Universidade dos Trabalhadores, eu assistira ao filme *Era uma vez na América*, de

Sergio Leone, e nesse momento eu me lembrei do cheiro penetrante de desinfetante que era usado para limpar o assoalho do cinema; lembrei-me de me levantar dos grudentos assentos de imitação de couro; lembrei-me do ruído rascante das cortinas ao se abrirem.

Eu saíra de Sarajevo para os Estados Unidos em 24 de janeiro de 1992. Não tinha como saber na ocasião que eu voltaria à minha cidade natal somente como um visitante irremediavelmente deslocado. Eu tinha 27 anos (e meio) e nunca morara em nenhum outro lugar, nem tinha nenhuma vontade de fazê-lo. Passara os poucos anos antes da viagem trabalhando como jornalista na que era conhecida, na época de paz da Iugoslávia socialista, como "imprensa juvenil" (*omladinska štampa*), e de modo geral era menos constrangida do que a imprensa principal, estabelecida, cultivada na câmara de pressão do estado de um único partido de Tito. Meu último trabalho remunerado foi para a *Naši dani*, onde eu editava as páginas de cultura. (Antes da guerra, o domínio da *cultura* parecia oferecer um refúgio para o mundo cada vez mais odioso da política. Agora, quando ouço a palavra *cultura*, cito as palavras comumente atribuídas a Hermann Göring: "Quando ouço a palavra *cultura*, saco minha arma.") Eu escrevia crítica de cinema, mas era muito mais conhecido pela minha coluna "Sarajevo Republika". O nome era uma alusão às cidades-Estados da Renascença mediterrânea – Dubrovnik e Veneza –, assim como ao slogan *"Kosovo republika"*, um termo que fora pichado nos muros de Kosovo pelos "irredentistas", que exigiam que Kosovo tivesse o status de república na Iugoslávia federal, que lhes fosse conferida a soberania plena, isto é, em substituição ao seu status de "província autônoma" da Sérvia. Em outras palavras, eu era um militante em Sarajevo. Procurei reafirmar em minha coluna a singularidade de Sarajevo, a soberania inerente ao seu espírito, reproduzindo e enaltecendo sua mitologia urbana em uma prosa arrogantemente densa de herméticas gírias locais. O primeiro artigo que publiquei nessa coluna foi a respeito de um *aščinica* – um restaurante bósnio tradicional com uma fachada de loja, que servia comida cozida, e não grelhada – que pertencia a uma família local, os Hadžibajrić, há cerca de 150 anos. Uma das lendas urbanas sobre os Hadžibajrić alegava que, na década de 1970, durante as filmagens de *Sutjeska*, um filme sobre a Segunda Guerra Mundial produzido pelo Estado, com Richard Burton no elenco no papel de Tito, um helicóptero do Exército do Povo da Iugoslávia era frequentemente despachado para o set de filmagens, no meio das montanhas do Leste da Bósnia, para levar as *buredžici* (tortas de carne em creme de leite azedo, produzidas pelos Hadžibajrić), para o deleite gastronômico de Elizabeth Taylor. Até hoje, muitos de nós se orgulham da possibilidade de que uma parte da gordura do traseiro da "Olhos Violeta" tenha sido adquirida em Saravejo.

As colunas seguintes foram sobre a filosofia da gíria barroca de Sarajevo: sobre a miríade de estratégias desgastantes que eu considerava essencial para a (re)produção de mitologia urbana e que eu executava diariamente em incontáveis *kafanas*, sobre casas de bingo, frequentadas por perdedores habituais, vagabundos e jovens urbanos em busca de autoafirmação.

Uma das colunas foi acerca da principal via de pedestres no coração da cidade – rua Vase Miskina (conhecida como Ferhadija desde a palpitante queda do socialismo) – que se estendia do centro da cidade até a cidade antiga. Eu me referia a ela como a artéria da cidade, porque muitas pessoas passeavam por ela ao menos duas vezes por dia, mantendo a circulação urbana em funcionamento. Se você passasse bastante tempo tomando café em um dos muitos *kafanas* ao longo da Vase Miskina, toda a cidade, em última instância, desfilaria pela sua frente. No começo da década de 1990, vendedores ambulantes faziam ponto ao longo da rua, empurrando as bugigangas baratas da arruinada classe dos trabalhadores: agulhas de máquinas de costura, chaves de fenda e dicionários russo-servocroata. Atualmente, é apenas lixo do capitalismo do Terceiro Mundo: brinquedos de plástico *made in China*, milagrosos remédios de ervas, DVDs piratas.

Imaginando-me um colunista conhecedor de ruas, vasculhava a cidade em busca de material, absorvendo impressões e detalhes, e gerando ideias para minhas matérias. Não sei se eu teria usado a palavra naquela época, mas agora me inclino a reimaginar o jovem eu como um dos *flâneurs* de Baudelaire, como alguém que queria estar em todos os lugares e em nenhum lugar em particular na cidade, para quem perambular era o principal meio de comunicação com ela. Sarajevo era – e ainda é – uma cidade pequena, plena de histórias e de História, transbordando de pessoas que eu conhecia e amava, todas as quais eu podia monitorar de uma boa posição em um *kafana* ou enquanto patrulhava as ruas. Enquanto inspecionava os estuários da Vase Miskina ou as ruas estreitas, obscuras, nas colinas, parágrafos inteiros inundavam meu cérebro; não poucas vezes, e misteriosamente, um desejo intenso se apossava do meu corpo. A cidade se estendia aos meus pés; vagar pelas ruas estimulava meu corpo tanto quanto minha mente. Provavelmente, o fato de meu consumo de cafeína chegar às raias de induzir um ataque cardíaco ajudava – o que vinho e ópio devem ter sido para Baudelaire, café e cigarros eram para mim.

Como faria em 1997, eu entrava em prédios somente para sentir o cheiro de seus saguões. Estudava as bordas de escadas de pedra arredondadas pelas muitas solas de sapatos que haviam passado por ali nos últimos um ou dois séculos. Passava bastante tempo no estádio de futebol Željo, deserto nos dias que não havia jogo, ouvindo a conversa dos aposentados, que possuíam tíquetes vitalícios, enquanto andavam em círculos, nostálgicos, dentro dos muros do estádio, discutindo as lamentáveis derrotas e vitórias improváveis do passado. Retornava a lugares que eu conhecera minha vida inteira, a fim de vê-los sob um ângulo diferente e captar detalhes que ficaram indistintos pela minha familiaridade excessiva com a cidade. Coletava sensações e rostos, aromas e vistas, internalizando por completo a arquitetura e as fisionomias de Sarajevo. Gradualmente, compreendi que minha interioridade era inseparável de minha exterioridade. Física e metafisicamente, eu estava *localizado*. Se meus amigos me viam em uma rua secundária olhando para cima, para os altos frisos da arquitetura austro-húngara, ou sentado em um solitário banco de jardim, observando cachorros correndo e casais namorando – o tipo de comportamento que poderia parecer preocupante –, apenas presumiam que eu estava trabalhando em uma coluna. E provavelmente eu estava.

Apesar de meus planos grandiosos, acabei escrevendo apenas seis ou sete colunas *Sarajevo Republika* antes da *Naši dani* falir. A dissolução da revista passou despercebida em meio à dissolução em andamento da Iugoslávia. No verão de 1991, incidentes na vizinha Croácia desenvolveram-se em uma guerra total e galopante. Havia rumores constantes de que o exército estava secretamente transferindo tropas e armamentos para as partes da Bósnia com uma população de maioria sérvia. De fato, o *Oslobodjenje*, o jornal diário de Sarajevo, apoderou-se de um plano militar descrevendo um remanejamento de tropas na Bósnia-Herzegovina que claramente sugeria a iminência de guerra, apesar de o exército negar firmemente o plano.

Os porta-vozes do exército não eram os únicos que negavam a flagrante probabilidade de uma guerra – os cidadãos de Sarajevo também faziam questão de ignorar o óbvio, ainda que por motivos diferentes. No verão de 1991, havia festas, sexo e drogas em profusão; os riscos eram histéricos; as ruas pareciam lotadas dia e noite. Na claridade sedutora da catástrofe inevitável, a cidade parecia mais bonita do que nunca. Em setembro, entretanto, as complicadas operações de negação começaram a arrefecer irremediavelmente. Eu ainda vagava regularmente pela cidade, mas com uma frequência perturbadora me via especulando quais prédios ofereceriam uma boa posição para franco-atiradores. Ainda assim, enquanto eu via a mim mesmo agachando-me sob o tiroteio, considerava tais visões simplesmente como sintomas paranoicos de estresse induzido pela onipresente política belicista. Vejo agora que estava imaginando *incidentes*, já que para mim era difícil imaginar *guerra* em toda a sua força, como um jovem pode imaginar sintomas de uma doença, mas acha difícil imaginar a morte: a vida parece estar contínua, intensa e inegavelmente presente.

Atualmente em Sarajevo, a morte é muito fácil de imaginar e está contínua e inegavelmente presente, mas naquela época a cidade – algo belo e imortal, uma república indestrutível de espírito urbano – estava plenamente viva dentro e fora de mim. Sua dimensão sensorial indelével, sua concretude pareciam desafiar as abstrações da guerra. Aprendi desde então que a guerra é o que de mais concreto existe, uma realidade fantástica que nivela tanto interioridade quanto exterioridade em um plano achatado de uma alma esmagada.

Certo dia, no começo do verão de 1991, fui ao Centro Cultural Americano em Sarajevo para uma entrevista que deveria determinar se eu me adequava a um programa de intercâmbio cultural administrado pela agora extinta Agência de Informações dos Estados Unidos – que eu acreditava ser um órgão de espionagem, cujos funcionários se disfarçavam em amantes da cultura. O fato de ser considerado para um convite aos Estados Unidos era lisonjeiro, é claro, porque era preciso ser surdo, mudo, cego e débil mental para evitar a cultura americana na Sarajevo da minha juventude. Quando terminei o ensino médio, em 1983, meu filme favorito de todos os tempos era *Apocalypse Now*, de Coppola. Idolatrava Patti Smith,

Talking Heads e Television, e o CBGB era para mim o que Jerusalém deve ser para um crente devoto. Eu sempre imitava a dicção (na tradução) de Holden Caulfield e certa vez manipulei meu desinformado pai a me dar um livro de Bukowski pelo meu aniversário. Quando me formei na universidade, em 1990, eu conseguia representar, com minha irmã, trechos (mal pronunciados) de *His Girl Friday* (*Jejum de amor*). Eu ficava irritado com as pessoas que não conseguiam reconhecer a genialidade de Brian De Palma. Podia recitar as invectivas furiosas de *Inimigo público* e estava mergulhado até os ouvidos em Sonic Youth e Swans. Lia religiosamente as antologias de contos americanos disponíveis em tradução, nas quais Barth e Barthelme reinavam. Eu não havia lido realmente o famoso ensaio de Barth, mas achava que a ideia de literatura de exaustão era muito legal. Escrevi um ensaio sobre Bret Easton Ellis e o capitalismo corporativo.

Encontrei-me com o indivíduo a cargo do centro, batemos papo sobre uma coisa e outra (principalmente outra) e depois fui para casa. Eu não achava que minha visita aos Estados Unidos jamais fosse acontecer, nem prestara atenção no homem que realmente me avaliava. Apesar da minha inclinação pela cultura americana, não me importava muito. Ainda que achasse que devia ser interessante ser um Kerouac pelos Estados Unidos por algum tempo, eu, particularmente, não tinha nenhuma vontade de deixar Sarajevo. Eu amava minha cidade; pretendia contar histórias sobre ela a meus filhos e netos, envelhecer e morrer lá. Mais ou menos nessa época, eu ia e vinha em um apaixonado relacionamento com uma jovem que estava fazendo tudo que podia para ir embora de

Sarajevo e se mudar para outro país porque, ela dizia, achava que não pertencia àquele lugar. "Não se trata do lugar ao qual você pertence, mas do que pertence a você", eu lhe disse, provavelmente citando a frase de algum filme. Eu tinha 27 anos (e meio) e Sarajevo me pertencia.

Eu já havia praticamente esquecido a conversa de verão, quando no começo de dezembro recebi um telefonema do Centro de Cultura Americano convidando-me para uma visita de um mês aos Estados Unidos. A essa altura, eu estava exausto com a ofensiva do fomento à guerra e aceitei o convite. Achei que ficar longe por algum tempo me traria algum alívio. Planejava viajar pelo país por um mês, depois, antes de retornar a Sarajevo, visitar um velho amigo em Chicago. Aterrissei em O'Hare em 14 de março de 1992. Lembro-me daquele dia como claro e ensolarado. No caminho do aeroporto para a cidade, vi pela primeira vez a silhueta de Chicago contra o céu – uma cidade enorme, distante, geométrica, menos esmeralda do que escura contra o firmamento azul.

Por essa época, as tropas do Exército do Povo da Iugoslávia estavam em plena prontidão por toda a Bósnia, seguindo o plano anteriormente negado; paramilitares sérvios estavam empenhados em massacres desenfreados; havia barricadas e tiroteios aleatórios nas ruas de Sarajevo. No começo de abril, uma demonstração pacífica em frente ao prédio do Parlamento bósnio foi alvo dos franco-atiradores de Karadžić. Duas mulheres foram mortas na ponte Vrbanja, a mais ou menos 100 metros do apartamento de *teta*-Jozefina, muito provavelmente pelo mesmo atirador bom que mais tarde maculou as paredes do quarto em que fui concebido. Na periferia da cidade e nas colinas acima a guerra já grassava, mas no coração de Sarajevo as pessoas ainda pareciam achar que ela de algum modo pararia antes de atingi-los. Às minhas preocupadas indagações de Chicago, minha mãe respondia: "Já tem menos tiroteio do que ontem" – como se a guerra fosse uma chuva de primavera.

Meu pai, entretanto, aconselhou-me a ficar longe. Nada de bom iria acontecer por lá, dizia. Eu deveria voar de volta de Chicago no dia 1º de maio e, conforme a situação em Sarajevo piorava progressivamente, fiquei dividido entre a culpa e o medo pelas vidas de meus pais e amigos, insone de preocupação sobre meu não imaginado e atualmente inimaginável futuro nos Estados Unidos. Eu lutava com minha consciência: se você era o autor de uma coluna intitulada *Sarajevo Republika*, então talvez fosse seu dever voltar e defender sua cidade e seu espírito da aniquilação.

Travei grande parte dessa luta enquanto perambulava incessantemente por Chicago, como se eu pudesse simplesmente me livrar de minha ansiedade moral caminhando. Eu escolhia um filme que queria ver – tanto como distração quanto em função dos meus velhos hábitos como crítico de cinema –, depois localizava, com a ajuda de meu amigo, um cinema onde estava sendo exibido. De Ukrainian Village, o bairro onde estava morando, eu tomava um transporte público para comprar um bilhete umas duas horas antes da sessão e depois ficava vagando em círculos concêntricos ao redor do cinema. Minha primeira viagem foi ao Esquire (agora não mais um local de filmes), na Oak Street, no afluente bairro Gold Coast. O Esquire era a minha Plymouth Rock. O filme era *Coração de trovão*, de Michael Apted, no qual Val Kilmer, um agente do FBI de origem indígena norte-americana, trabalha em um caso relativo a uma reserva, o que de certa forma o força a se reconciliar com seu passado e sua herança. Lembro-me do filme ser tão ruim quanto agora parece ser, embora não me lembre de muitos detalhes. Como também não me lembro muito do meu primeiro passeio por Gold Coast, porque se tornou indiscernível de todos os outros, do mesmo modo como o primeiro dia na escola é incluído na totalidade de sua experiência educacional.

Depois disso, fui a todos os cinemas espalhados por Chicago e caminhei em círculos ao redor deles. Vi mais filmes ruins em bairros supostamente ruins, onde, fora os filmes, nada de ruim jamais me aconteceu. Havia sempre muito espaço para caminhar, já que poucas pessoas se aventuravam pelas ruas naquelas áreas de Chicago. Quando eu não tinha dinheiro para o cinema – minha principal fonte de renda era o jogo de cartas *Preference*, que ensinara meu amigo e seus colegas a jogar –, explorava as áreas sem cinema de Wicker Park, Bucktown ou Humboldt Park (bairro da infância de Saul Bellow), adjacentes a Ukrainian Village e, fui avisado, infestadas de gangues.

Eu não conseguia parar. Um atormentado *flâneur*, eu continuava a caminhar, meus tendões de aquiles doloridos, a cabeça nas nuvens de medo e saudade de Sarajevo, até que finalmente me reconciliei com a ideia de ficar. Em 1º de maio, não voei de volta para casa. Em 2 de maio, todas as estradas para fora da cidade foram bloqueadas; o último trem (com meus pais nele) partiu; o mais longo cerco da história moderna havia começado. Em Chicago, submeti meu pedido de asilo político. O resto é o resto da minha vida.

■ ■ ■

Em minhas expedições a pé, me familiarizei com Chicago, mas eu não *conhecia* a cidade. A necessidade de conhecê-la em meu corpo, localizar-me no mundo, não foi satisfeita; eu estava metafisicamente doente, porque ainda não sabia como *estar* em Chicago. A cidade americana era basicamente organizada de uma forma diferente de Sarajevo. (Alguns anos mais tarde, deparei-me com uma citação de Bellow que resumia perfeitamente meu sentimento pela cidade na época: "Chicago não estava em lugar algum. Não tinha nenhum cenário. Era algo solto no espaço americano.") Enquanto as paisagens urbanas de Sarajevo eram povoadas de rostos familiares, com experiências compartilhadas e compartilháveis, a Chicago que eu tentava compreender era obscurecida pela busca do anonimato.

Em Sarajevo, você possuía uma infraestrutura pessoal: seu *kafana*, seu barbeiro, seu açougueiro; as ruas onde as pessoas o reconheciam, o espaço que o identificava; os marcos de sua vida (o lugar em que você caiu quando jogava futebol e quebrou o braço, a esquina onde você esperou para se encontrar com o primeiro dos muitos amores de sua vida, o banco de jardim onde você a beijou pela primeira vez). Porque o anonimato era quase impossível e a privacidade literalmente incompreensível (não há uma palavra para "privacidade" em bósnio), seus amigos em Sarajevo o conheciam tão bem quanto você os conhecia. As fronteiras entre interioridade e exterioridade eram praticamente inexistentes. Se você de algum modo desaparecesse no ar, seus concidadãos poderiam coletivamente reconstruí-lo a partir de sua memória coletiva e dos mexericos acumulados ao longo dos anos. Sua noção de quem você era, sua mais profunda identidade, era determinada por sua posição em uma rede humana, cujo resultado físico era a arquitetura da cidade. Chicago, ao contrário, não era construída para unir as pessoas, mas para que ficassem a uma distância segura. Tamanho, poder e a necessidade de privacidade pareciam ser as dimensões dominantes de sua arquitetura. Apesar de ampla, Chicago ignorou as distinções entre liberdade e isolamento, entre independência e egoísmo, entre privacidade e solidão. Nessa cidade, eu não tinha nenhuma rede humana na qual pudesse me situar; minha Sarajevo, a cidade que existira e ainda continuava dentro de mim, fora submetida a cerco e destruição. Meu deslocamento era metafísico precisamente na mesma proporção em que era físico. Mas eu não podia viver em lugar algum; eu queria de Chicago o que eu tivera de Sarajevo: uma geografia da alma.

Eram necessárias mais caminhadas, assim como, de forma ainda mais premente, um emprego com remuneração razoável. Nada em minha experiência havia me ensinado como obter um emprego nos Estados Unidos. Nem a obra de De Palma, nem a literatura de exaustão continham nenhum indicador a respeito de arranjar um trabalho urgentemente necessário. Após alguns trabalhos ilegais, abaixo do salário mínimo, alguns dos quais exigiam que eu fornecesse o número da Seguridade Social de outra pessoa (vá se danar, Arizona!), recebi minha autorização de trabalho e entrei no abarrotado mercado de trabalho de salário mínimo. Para gerentes de restaurantes e funcionários de agências de emprego temporário à procura de barmen e seguranças, criei um amplo e em parte falso universo de minha vida anterior, no centro da qual estava uma familiaridade com tudo que fosse americano. Eles não davam a mínima; levei algumas semanas para aprender que a) ficar tagarelando sobre filmes americanos não o levaria nem ao mais miserável dos empregos, e b) quando diziam "Nós ligaremos para você!", não pretendiam fazê-lo.

Meu primeiro emprego legal foi fazer campanha de porta em porta para o Greenpeace, uma organização intrinsecamente receptiva a desajustados. Quando liguei pela primeira vez para o escritório do Greenpeace para me informar, eu nem sabia em que consistia o emprego. Naturalmente, fiquei aterrorizado de conversar com americanos na porta de suas casas, com meu inglês precário, desprovido de artigos e densamente contaminado com meu sotaque estrangeiro, mas eu ansiava pela liberdade de poder andar de porta em porta. Assim, no começo do verão de 1992, eu me vi fazendo campanha nos orgulhosamente tediosos, indistinguíveis subúrbios ocidentais (Schaumburg, Naperville); nos subúrbios ricos de North Shore (Wilmette, Winnetka, Lake Forest), com suas casas do tamanho de um hospital e frotas de carros em garagens suntuosas; nos subúrbios da classe operária, ao sul (Blue Island, Park Forest), onde as pessoas me convidavam a entrar em suas casas e me ofereciam Twinkies velhos. Logo aprendi a avaliar a renda anual e as inclinações políticas de uma família com base na aparência do seu gramado, nas revistas na caixa de correio e nas marcas dos veículos na garagem (Volvo significava liberal). Capacitei-me a aturar perguntas sobre a Bósnia e a Iugoslávia, e sua relação inexistente com a Tchecoeslováquia. Eu mantinha um sorriso fixo durante todas as aulas sobre a espiritualidade de *Star Trek* e confirmava calmamente que, sim, pude experimentar em Sarajevo as maravilhas da pizza e da TV. Sorri para um jovem que me implorava que compreendesse o quanto ele estava sem dinheiro, já que acabara de comprar um Porsche. Tomei limonada na casa de um padre de fala macia e seu jovem e belo namorado, entediado e bêbado. Busquei abrigo com um casal que possuía uma bela gravura de Alphonse Muha na parede, depois que seu vizinho me apontara uma arma e mostrara sua disposição em usá-la. Discuti as leis de uso de capacete com um bando de motoqueiros barrigudos e carecas, alguns deles veteranos que acreditavam que aquilo pelo qual lutaram no Vietnã fora a liberdade de espalhar seus miolos nas autoestradas dos Estados Unidos. Testemunhei meus colegas de trabalho afro-americanos serem repetidamente parados pela polícia que protegia os fantásticos domínios suburbanos.

Meus lugares preferidos eram, previsivelmente, na cidade: Pullman, Beverly, Lakeview e depois os Parks – Hyde, Lincoln, Rogers. Pouco a pouco, comecei a entender a geografia de Chicago, montando um mapa de ruas em minha mente, prédio por prédio, porta por porta. De vez em quando, demorava-me antes de iniciar o trabalho e deixava-me ficar em um restaurante popular local, esforçando-me para gostar do café americano com gosto de milho queimado, monitorando o tráfego de pedestres, o comércio de drogas na esquina, as mulheres da vida. Algumas vezes, eu faltava inteiramente ao trabalho e simplesmente caminhava pelo bairro que me haviam designado. Tornei-me um *flâneur* imigrante, com salário baixo.

■ ■ ■

Ao mesmo tempo, acompanhava obsessivamente os noticiários de TV sobre a Sarajevo sitiada, tentando identificar pessoas e lugares na tela, avaliar a distância a extensão da devastação. Perto do final de maio, observei as cenas de um massacre na Vase Miskina, onde um morteiro sérvio atingiu e matou dezenas de pessoas que aguardavam numa fila sua vez de comprar pão. Tentei identificar as pessoas na tela – contorcendo-se em uma poça de sangue vermelho como rosas, as pernas arrancadas, os rostos contorcidos de choque e dor –, mas não consegui. Também tive dificuldade de reconhecer o local. A rua que eu achava que me pertencia e que frivolamente era considerada a artéria da cidade agora estava banhada do sangue arterial verdadeiro daqueles que eu deixara para trás e tudo que eu podia fazer era ver a reportagem de 30 segundos, incansavelmente repetida no telejornal.

Mesmo de Chicago, eu podia imaginar a magnitude da transformação sofrida pela minha cidade natal. A rua que ligava meu bairro (*Socijalno*) ao centro da cidade foi rebatizada de alameda dos Franco-atiradores. O estádio Željo, onde eu costumava ficar escutando a conversa dos aposentados, agora era controlado pelos sérvios, seus palanques de madeira destruídos pelo fogo. A pequena padaria em Kovači que produzia o melhor *somun* (pão pita levedado) da cidade, e portanto do mundo, também fora incendiada. O Museu dos Jogos Olímpicos de Inverno de 1984, abrigado em um belo prédio austro-húngaro sem absolutamente nenhum valor estratégico, fora bombardeado (e continua em ruínas). A Biblioteca Nacional, pseudomourisca, foi bombardeada; juntamente com centenas de milhares de livros, foi destruída pelo fogo (e continua em ruínas).

Em dezembro de 1994, fiz um breve trabalho voluntário no Instituto de Direitos Humanos da Faculdade de Direito da Universidade DePaul, onde provas de possíveis crimes de guerra na Bósnia estavam sendo reunidas. Nessa época, eu já pedira demissão do trabalho para o Greenpeace e me matriculara na pós-graduação da Northwestern, e precisava desesperadamente de outra fonte pagadora, então me apresentei no escritório do centro da cidade do instituto, na esperança de arranjar um emprego. Não havia como meus possíveis empregadores saberem quem eu era ou fora – eu podia facilmente ser um espião –, então me ofereceram o que acharam ser tarefas simples para voluntários. No começo, fiz entrada de dados para o banco de dados sobre campos de concentração, onde todo testemunho ou menção de um campo de concentração era arquivado. Mas por fim me deram uma pilha de fotos de prédios destruídos ou danificados em Sarajevo, ainda não identificados, e me pediram para registrar sua localização. Muitos dos prédios fotografados estavam sem telhado, esburacados ou queimados, as janelas destruídas. Havia poucas pessoas nessas fotos, mas o que eu fazia me dava a sensação de estar identificando corpos. De vez em quando, eu conseguia me lembrar da rua ou mesmo do endereço exato; às vezes, os prédios eram tão familiares que pareciam irreais. Havia, por exemplo, o edifício na esquina de Danijela Ozme e Kralja Tomislava, do outro lado da qual eu costumava esperar por Renata, minha amiga de colégio, que vinha pela Džidžikovac. Naquela época, havia um supermercado no térreo do edifício, onde eu comprava balas ou cigarros quando ela se atrasava, o que sempre acontecia. Eu conhecia aquele prédio há anos.

Erguia-se em seu lugar, sólido e indelével. Eu nunca prestara muita atenção nele, até ver sua foto em Chicago. Na fotografia, o edifício estava oco, estripado por uma bomba, que evidentemente caíra pelo telhado e destruíra todos os andares. O supermercado agora existia apenas no inundado espaço de armazenamento de minha lembrança.

Havia também prédios que eu reconhecia, mas não conseguia localizar exatamente. E havia aqueles que eram totalmente desconhecidos para mim – eu não conseguia sequer adivinhar em que parte da cidade eles se situavam. Aprendi desde então que você não precisa conhecer todas as partes de uma cidade para considerá-la sua, mas naquele escritório no centro da cidade de Chicago aterrorizou-me pensar que houvesse alguma parte de Sarajevo que eu não conhecia e provavelmente jamais conheceria, já que agora se desintegrava sob a chuva de projéteis como um cenário de papelão de teatro. O cerco tornava impossível o meu retorno para o espaço definido de minha vida anterior. Se minha mente e minha cidade fossem a mesma coisa, então eu estava perdendo a razão. Converter Chicago em meu espaço pessoal tornou-se não metafisicamente essencial, como também psiquiatricamente urgente.

Na primavera de 1993, após mais ou menos um ano vivendo na Ukrainian Village, mudei-me para um bairro à beira do lago chamado Edgewater, no North Side de Chicago. Aluguei um minúsculo estúdio em um edifício chamado Artists in Residence, onde vários artistas solitários e não exatamente bem-sucedidos moravam. O AIR proporcionava uma frouxa sensação de comunidade dentro do anonimato da cidade; oferecia um espaço de ensaio para músicos, dançarinos e atores, bem como um computador público para aqueles de nós que cultivavam esperanças de escritor. O nome implausivelmente adequado do administrador do edifício era Art.

Na época, Edgewater era onde alguém ia adquirir heroína barata – e ruim. Eu fora avisado de que se tratava de um bairro violento, mas o que eu via lá eram variações de desespero que se igualavam exatamente às minhas. Certo dia, parei na Winthrop Avenue olhando para cima, para o topo de um prédio, em cuja beirada uma jovem estava sentada, decidindo se iria se matar, enquanto dois rapazes na rua ficavam gritando "Pule!". Faziam isso por pura malícia idiota, é claro, mas na ocasião a sugestão deles pareceu-me uma decisão razoável para o contínuo problema que chamamos de vida.

Eu ainda trabalhava como divulgador do Greenpeace nessa época, andando por diferentes bairros e subúrbios da cidade todos os dias, já me tornando bem familiarizado com muitos deles. Toda noite eu voltava para o estúdio em Edgewater que eu podia chamar de meu, onde começava a desenvolver uma série de práticas confortantes e ritualísticas. Antes de dormir, ficava ouvindo um monólogo tresloucado protagonizado por um vagabundo quimicamente estimulado, ocasionalmente abafado pelo som calmante de trens passando pelos trilhos do elevado. Pela manhã, tomando café, eu observava da minha janela as pessoas esperando na parada de Granville El do sistema de trens elevado, reconhecendo os *habitués*. De vez em quando eu me dava ao luxo de tomar café da manhã em uma lanchonete da cadeia Shoney's, na Broadway (há muito desaparecida), que oferecia um bufê coma-quanto-quiser a 2,99 dólares para pessoas como eu e residentes caquéticos de uma casa de repouso na Winthrop, os quais chegavam em massa, de mãos dadas como crianças da escola elementar. No Gino's North, onde havia apenas um único tipo de chope e onde muitos artistas ficavam sentados com cara de bêbados, eu via os jogos do vitorioso Bulls, comemorando apenas na companhia seleta daqueles que não estavam bêbados demais para erguer o cotovelo do balcão. Passava fins de semana jogando xadrez em um café em Rogers Park, ao lado de um cinema. Eu geralmente jogava com um velho assírio chamado Peter, que sempre que me colocava em uma posição indefensável e me forçava a renunciar, e fazia a mesma piada: "Pode me dar isso por escrito?" Mas eu não estava produzindo nada escrito. Profundamente deslocado, eu não conseguia escrever nem em bósnio nem em inglês.

Pouco a pouco, as pessoas em Edgewater começaram a me reconhecer; comecei a cumprimentá-las na rua. Com o tempo, adquiri um barbeiro, um açougueiro, um cinema e um café com um conjunto regular de coloridos personagens – que eram, como eu aprendera em Sarajevo, os nós necessários em qualquer rede urbana pessoal. Descobri que o processo de transformar uma cidade americana em um espaço pessoal exigia que a pessoa começasse por um determinado bairro. Logo, comecei a considerar Edgewater como pertencente a mim; tornei-me um morador local. Foi lá que compreendi o que Nelson Algren quis dizer quando escreveu que amar Chicago era como amar uma mulher de nariz quebrado – eu me apaixonei pelos narizes quebrados de Edgewater. No antigo

Mac comunitário do AIR, digitei minhas primeiras tentativas de escrever histórias em inglês.

Portanto, foi extremamente significativo que Edgewater tivesse se tornado o bairro onde levas de bósnios fugindo da guerra terminaram na primavera de 1994. Certo dia, sofri um choque de reconhecimento quando olhei pela janela e vi uma família caminhando devagar pela rua – onde poucas pessoas caminhavam, exceto em busca de heroína – em uma formação inequivocamente bósnia: o membro mais velho da família liderando o grupo com passos lentos, sem direção, todos eles com os ombros arriados, as mãos nas costas, como se suportassem uma carga pesada de preocupações. Em pouco tempo, Edgewater ficou repleto de bósnios. Em oposição aos costumes locais, eles faziam passeios a pé à noite, a ansiedade do deslocamento evidente em seus passos; em grupos grandes, silenciosos, tomavam café em um café turco à beira do lago (convertendo-o, assim, em um verdadeiro *kafana*), uma nuvem escura de fumaça de cigarro e de trauma de guerra pairando acima deles; seus filhos brincavam na rua, alheios ao comércio de drogas conduzido na esquina. Eu agora podia monitorá-los de minha janela, do *kafana*, na rua. Era como se tivessem vindo à minha procura em Edgewater.

Em fevereiro de 1997, uns dois meses antes do meu primeiro retorno a Sarajevo, Veba veio a Chicago para uma visita; eu não o via desde a minha partida. Nos primeiros dias, ouvi as histórias de sua vida durante o cerco, as histórias da horrível transformação que a guerra causara aos sitiados. Eu ainda morava no AIR. Apesar do frio de fevereiro, Veba queria ver onde minha vida estava se passando, de modo que perambulamos por Edgewater: fomos ao Shoney's, ao café do xadrez, ao *kafana* no lago agora gelado. Veba cortou os cabelos no meu barbeiro; compramos carne no meu açougueiro. Eu lhe contei minhas histórias de Edgewater: sobre a jovem sentada na beirada do topo de um prédio, sobre a família bósnia caminhando em formação, sobre Peter, o Assírio.

Depois, nos aventuramos para fora de Edgewater para visitar a Ukrainian Village e lhe mostrei onde eu havia morado; levei-o ao Burger King, onde eu engordara e adquirira uma forma americana, enquanto ouvia os velhos ucranianos discutirem política ucraniana, tomando seu café de 69 centavos – eu costumava chamá-los de Cavaleiros do Burger King. Andamos a esmo pela Gold Coast, avistando um Matisse no apartamento de alguém rico, devidamente posicionado de modo a poder ser visto da rua; vimos um filme no Esquire. Visitamos a Torre da Água e contei a Veba sobre o grande incêndio de Chicago. Tomamos um drinque no Green Mill, onde Al Capone costumava beber martínis e onde todo gigante da história do jazz, de Louis Armstrong a Charlie Mingus, havia se apresentado. Mostrei-lhe onde ocorrera o Massacre do Dia de São Valentim: a garagem há muito desaparecera, mas o mito urbano rezava que os cachorros ainda uivavam quando passavam pelo local, pois podiam sentir o cheiro de sangue.

Enquanto mostrava a cidade a Veba, contando-lhe histórias de Chicago e de minha vida em Edgewater, compreendi que meu interior de imigrante havia começado a se fundir com o exterior americano. Grandes partes de Chicago haviam penetrado em mim e se instalado ali. Eu possuía essas partes agora. Eu via a cidade através dos olhos de Sarajevo e as duas cidades agora criavam um cenário interno complicado, em que histórias podiam ser geradas. Quando voltei de minha primeira visita a Sarajevo, na primavera de 1997, a Chicago para a qual voltei me pertencia. Ao voltar de casa, eu voltei para casa.

RAZÕES PELAS QUAIS EU NÃO QUERO DEIXAR CHICAGO: UMA LISTA ALEATÓRIA E INCOMPLETA

■ ■ ■

1. Dirigir para oeste ao pôr do sol no verão: cego pelo sol, você não consegue ver os carros à sua frente; os feios armazéns e oficinas mecânicas ficam com uma cor de laranja flamejante. Quando o sol se põe, tudo se torna mais profundo: as fachadas de tijolos adquirem uma tonalidade azulada; há manchas escuras no horizonte. O céu e a cidade parecem infinitos. O oeste fica para qualquer lado que se olhar.

2. O modo como as pessoas se aconchegam sob as luzes acolhedoras na estação Granville do El, no inverno, como galinhas sob uma lâmpada elétrica. É uma imagem de solidariedade humana forçada pela crueldade da natureza – a história de Chicago e da civilização.

3. A amplidão americana da praia da Wilson Street, gaivotas e pipas planando no alto, cachorros saltando ao

longo da linha irregular das ondas, latindo para o vazio, garotos da cidade usando drogas caseiras, cegos aos navios distantes em seus misteriosos caminhos de Liverpool, Inglaterra, para Gary, Indiana.

4. Começo de setembro em qualquer lugar na cidade, quando o ângulo da luz do sol muda repentinamente e tudo e todos parecem mais gentis, todas as arestas aparadas; os tormentos do calor do verão terminaram, os tormentos gelados do inverno ainda não começaram e as pessoas deleitam-se na possibilidade perecível de uma cidade amável.

5. A quadra de basquete na praia da Foster Street, onde certa vez vi um sujeito impressionantemente esculpido jogar uma partida inteira – driblando, lançando, discutindo, agachando-se – com um palito na boca, tirando-o apenas para cuspir. Por muitos anos, ele foi para mim o herói da frieza de Chicago.

6. Os altos picos de gelo ao longo da margem quando o inverno é excepcionalmente frio e o lago se congela por algum tempo, de modo que o gelo empurra gelo contra a terra. Em um dia glacial, eu fiquei, admirado, percebendo que o processo reproduz exatamente a maneira como algumas cadeias de montanhas se formaram há centenas de milhões de anos, placas tectônicas empurrando umas às outras. As formas primitivas são visíveis a todo motorista irritado tentando passar na confusão

da Lake Shore Drive, mas a maioria apenas olha para frente, sem se importar.

7. Olhar diretamente para oeste à noite de qualquer lugar alto de Edgewater ou do Rogers Park: aviões pairam e cintilam acima do O'Hare. Certa vez, minha mãe veio me visitar e nós passamos uma noite inteira sentados no escuro, ouvindo Frank Sinatra, observando os aviões, que pareciam vaga-lumes aturdidos, paralisados com a permanente beleza deste mundo.

8. A abençoada escassez de celebridades em Chicago, a maioria das quais é de jogadores, perdedores e muito bem pagos. Oprah, um dos atores de *Friends* e muitas outras pessoas cujos nomes eu nunca soube ou não consigo me lembrar partiram para Nova York, Hollywood ou uma clínica de reabilitação, onde podem falsamente reivindicar suas humildes raízes em Chicago, enquanto nós podemos ter orgulho deles sem na verdade sermos responsáveis pelo vazio de suas vidas famosas.

9. Os periquitos do Hyde Park, sobrevivendo milagrosamente aos invernos brutais, um colorido exemplo de vida que obstinadamente se recusa a morrer, com o tipo de instinto que tornou Chicago grandiosa e inóspita. Na verdade, eu nunca vi nenhum: a possibilidade de serem inventados torna a história ainda melhor.

10. A silhueta do centro da cidade à noite, vista do planetário Adler: janelas iluminadas dentro das molduras

escuras dos edifícios contra o céu mais escuro ainda. Parece que as estrelas foram transformadas em quadrados e coladas na parede grossa de uma noite de Chicago; a beleza fria, desumana, contendo a enormidade da vida, cada janela uma história possível, dentro da qual um imigrante trabalha no turno da noite limpando o lixo das corporações.

11. A cor cinza-esverdeada do lago quase sem espuma quando os ventos sopram a noroeste e o céu está gelado.

12. Os dias de verão, longos e úmidos, quando as ruas parecem enceradas de suor; quando o ar é pesado e quente como chá adoçado com mel; quando as praias ficam cheias de famílias: pais fazendo churrasco, mães tomando banho de sol, crianças quase chegando à hipotermia nas águas rasas do lago. Então, uma onda de ar gelado varre os parques, uma chuva torrencial encharca toda criatura viva, e alguém, em algum lugar, perde o poder. (Nunca confie em um dia de verão em Chicago.)

13. Moradores dos subúrbios, altamente vulneráveis, identificáveis por suas camisetas do Hard Rock Café percorrendo a Michigan Avenue, alheios à cidade além das áreas de consumo e entretenimento; os turistas em uma turnê de lancha olhando para cima, para os arranha-céus, como piratas prontos para pilhar; as metades das pontes simetricamente eretas como em uma competição

para ver quem tem o pênis maior; o artista de rua em frente ao edifício Wrigley tocando "Killing Me Softly" na tuba.

14. O fato de que todo ano, em março, os torcedores dos Cubs começam a dizer: "Este vai ser o ano" – a ilusória esperança geralmente desfeita quando o verão chega e os Cubs tradicionalmente perdem até mesmo a possibilidade matemática de chegarem às finais. Essa vã esperança é um dos prenúncios da primavera, denotando uma crença maravilhosamente ingênua de que o mundo poderá redimir seus erros e reverter suas maldições simplesmente porque as árvores estão florescendo.

15. Um dia ameno em fevereiro, quando todos os presentes ao meu açougue discutiam a real possibilidade de uma perfeita nevasca e, por sua vez, lembraram-se da grande tempestade de neve de 1967: carros abandonados e enterrados na neve na Lake Shore Drive; pessoas marchando com grande dificuldade do trabalho para casa através da neve, como refugiados; a neve em sua rua até os espelhos do caminhão do leite. Há inúmeros desastres na memória da cidade, que resulta em uma nostalgia estranhamente eufórica, de certa forma semelhante ao respeito e orgulho que os habitantes de Chicago sentem por "aqueles ladrões abastados que arriscam suas vidas em crimes de alta visibilidade" (Bellow).

16. Famílias paquistanesas e indianas passeando solenemente para cima e para baixo na Devon nas noites de verão; cidadãos judeu-russos aglomerados em bancos em Uptown, gorjeando mexericos em suaves consoantes contra o barulho de obsoletos rádios transistores; famílias mexicanas em Pilsen lotando o Nuevo Leon no café da manhã de domingo; famílias afro-americanas gloriosamente vestidas para a igreja, esperando por uma mesa no Dixie Kitchen no Hyde Park; refugiados somalis jogando futebol de sandálias na quadra de esportes da Senn High School; jovens mães de Bucktown carregando tapetes de ioga nas costas como bazucas; a enorme quantidade de vida diária nesta cidade, grande parte merecedora de uma ou duas histórias.

17. Um rio vermelho e um rio branco fluindo em direções opostas pela Lake Shore Drive, como visto de Montrose Harbor à noite.

18. O vento: os veleiros no Grant Park Harbor balançando-se na água, os arames do mastro rangendo histericamente; o jato da Buckingham Fountain transformado em uma pluma de água; as janelas dos prédios do centro da cidade sacudindo e batendo; pessoas descendo a Michigan Avenue com a cabeça enfiada nos ombros; minha rua completamente deserta, exceto por um carteiro encasacado e uma sacola de plástico agitando-se como uma bandeira rasgada no alto da árvore desfolhada.

19. As majestosas mansões de Beverly; as desoladas casas geminadas de Pullman; os edifícios frígidos de La Salle Street Canyon; a beleza berrante dos antigos hotéis do centro da cidade; a severa arrogância da Sears Tower e do Hancock Center; as casas singulares de Edgewater; a tristeza do West Side; a grandiosidade decrépita dos teatros e hotéis em Uptown; os armazéns e oficinas mecânicas do lado Northwest; milhares de terrenos baldios e prédios desaparecidos aos quais ninguém presta atenção e dos quais ninguém jamais se lembrará. Cada prédio conta parte da história da cidade. Somente a cidade conhece a história completa.

20. Se Chicago foi boa o bastante para Studs Terkel passar toda a sua vida, é bastante boa para mim.

SE DEUS EXISTISSE, SERIA UM BOM JOGADOR DE MEIO DE CAMPO
■ ■ ■

PRIMEIRO, UM POUCO A MEU RESPEITO, EMBORA EU NÃO SEJA IMPORTANTE AQUI

Pelos padrões bósnios, eu era uma pessoa atlética. Apesar de ter fumado um maço e meio de cigarros por dia durante anos, ter começado a apreciar muitas bebidas alcoólicas desde os 15 anos e ser completamente dependente de uma dieta de gordura e carne vermelha, eu havia jogado futebol em estacionamentos ou terrenos de cascalhos, uma ou duas vezes por semana, desde tempos imemoriais. Mas logo depois de chegar aos Estados Unidos, ganhei peso devido a uma dieta baseada em Whoppers e Twinkies, exacerbada por uma série de torturantes tentativas de parar de fumar. Além disso, eu não conseguia encontrar ninguém com quem jogar. Meus amigos do Greenpeace consideravam enrolar cigarros de maconha um exercício físico e apenas ocasionalmente combinavam um jogo preguiçoso de softbol, onde não se registrava o resultado e todos sempre jogavam bem. Não fui além da compreensão das regras, mas teimosamente tentava contar a pontuação.

O fato de não jogar futebol me atormentava. Eu não tinha uma grande preocupação em ser saudável, já que ainda era bastante jovem – para mim, jogar futebol tinha a ver com estar plenamente vivo. Sem futebol, eu ficava desorientado, mental e fisicamente. Em um sábado no verão de 1995, eu andava de bicicleta pelo campo ao lado do lago em Uptown e vi algumas pessoas se aquecendo, chutando a bola de um lado para outro, enquanto esperavam o jogo começar. Deviam estar se preparando para um jogo da liga, para o qual era preciso ser registrado como membro de um time. Antes, porém, que eu tivesse tempo de considerar a humilhante perspectiva de rejeição, perguntei se podia me juntar a eles. Claro, disseram. Naquele dia, chutei uma bola pela primeira vez após uma eternidade de três anos. Naquele dia, eu finalmente joguei, 12 quilos mais pesado, usando short de calça jeans cortada e tênis de basquete. Quase no mesmo instante distendi a virilha e rapidamente ganhei bolhas na sola dos pés. Joguei humildemente na defesa (embora preferisse jogar na frente) e obedeci estritamente os comandos do melhor e mais rápido jogador no meu time – um tal de Phillip, que fizera parte, eu soube depois, do time de revezamento 4 x 400 da Nigéria na Olimpíada de Seul. Depois do jogo, perguntei a Phillip se eu poderia voltar. Pergunte àquele sujeito, Phillip disse, apontando para o juiz. O juiz usava uma camisa listrada de preto e branco e se apresentou como Alemão. Ele me disse que havia jogo todo sábado e domingo e que eu podia ir sempre que quisesse.

O GOLEIRO TIBETANO

O Alemão não era realmente alemão – era do Equador, mas seu pai nascera na Alemanha, daí seu nome (Hermann) e o apelido. Ele trabalhava como motorista de um caminhão da UPS, tinha quarenta e poucos anos, bronzeado, usava um modesto topete e um bigode. Todo sábado e domingo ele chegava à beira do lago por volta das 14 horas em uma antiga e decrépita van de vinte e tantos anos, onde estavam pintadas uma bola de futebol e as palavras "Chute-me e me faça ganhar o dia". Descarregava balizas (feitas de canos de plástico) e redes, sacolas cheias de camisetas de uma única cor e bolas. Distribuía as camisas para os rapazes que iam jogar, colocava uma tábua em cima da lata de lixo e, em cima dela, várias taças e troféus baratos, pequenas bandeiras de diferentes países e um rádio berrando em espanhol. A maioria dos jogadores vivia em Uptown e Edgewater, e eram do México, Honduras, El Salvador, Peru, Chile, Colômbia, Belize, Brasil, Jamaica, Nigéria, Somália, Etiópia, Senegal, Eritreia, Gana, Camarões, Marrocos, Argélia, Jordânia, França, Espanha, Romênia, Bulgária, Bósnia, Estados Unidos, Ucrânia, Rússia, Vietnã, Coreia etc. Havia até mesmo um sujeito do Tibete, e ele era um ótimo goleiro.

Normalmente, havia mais de dois times e todos tinham que revezar, de modo que os jogos duravam 15 minutos ou até que um time marcasse dois gols. Os jogos eram levados muito a sério e havia discussões, já que o time vencedor permanecia em campo para o jogo seguinte, enquanto o time perdedor tinha que esperar na margem pela vez de voltar novamente ao jogo.

O Alemão arbitrava e quase nunca marcava falta. Acompanhava o jogo com os olhos vidrados, como se ver futebol o deixasse drogado; parecia que ele tinha que ouvir o barulho de um osso quebrado para usar seu apito. Às vezes, se um time precisava de um jogador, ele arbitrava e jogava simultaneamente. Em tal situação, era particularmente severo consigo mesmo e certa vez deu a si próprio um cartão amarelo por uma entrada violenta. Nós – imigrantes tentando se manter à tona neste país – gostávamos de jogar pelas regras que nós mesmos estipulávamos. Elas nos faziam sentir que ainda éramos uma parte do mundo muito maior do que os Estados Unidos. As pessoas adquiriam seus apelidos com base no país de origem. Durante algum tempo, eu fui Bósnia e muitas vezes me vi jogando no meio de campo, ao lado de, digamos, Colômbia e Romênia.

Sempre louco para jogar e temendo ser deixado de fora se chegasse atrasado, quase sempre eu era o primeiro a chegar antes dos jogos. Eu ajudava o Alemão a montar as balizas e depois ficava conversando com ele e com outros sobre futebol. Em sua van mágica, o Alemão tinha álbuns de fotografias em que registrava as pessoas que jogaram com ele. Pude reconhecer alguns dos sujeitos quando eram muito mais novos. Um deles, que todos chamavam de Brasil, disse-me que jogava com o Alemão havia mais de 20 anos. Desde o início, fora o Alemão quem organizara os jogos, embora tivesse tido alguns problemas com drogas e álcool e, em certa época, tivesse parado por alguns anos. Mas ele voltara, Brasil disse. Compreendi, pela primeira vez desde a minha chegada, que era possível viver neste país e ainda ter um passado compartilhado com outras pessoas.

Não era claro para mim por que o Alemão fazia isso. Apesar de gostar de pensar em mim mesmo como uma pessoa razoavelmente generosa, nunca poderia me imaginar passando todos os meus fins de semana reunindo times e arbitrando jogos de futebol, sujeitando-me a ataques verbais e outros, desmontando as balizas e carregando a van muito tempo depois de todos terem ido embora, em seguida lavando um grande número de camisas fedidas do suor do mundo.

Aproveitei-me da inexplicável generosidade do Alemão durante anos. Como no inverno geralmente jogássemos no ginásio de uma igreja em Pilsen, que ficava além do alcance da minha bicicleta, eu pegava uma carona em sua barulhenta van "Chute-me e me faça ganhar o dia", segurando a porta do passageiro cuja maçaneta não funcionava. No caminho de volta, eu sempre temia pela minha vida, já que o Alemão gostava de comemorar uma bem-sucedida rodada de jogos com algumas cervejas – ele sempre tinha um refrigerador bem abastecido em sua van. Falava sem parar, dirigindo e bebendo sua cerveja, contando-me sobre seu time favorito (os Camarões da Copa do Mundo de 1990) e de sua busca por um herdeiro, alguém que continuasse a organizar os jogos quando ele se aposentasse e se mudasse para a Flórida. Não conseguia encontrar a pessoa certa, dizia, porque as pessoas não tinham coragem de se comprometer. Nunca sugeriu que eu assumisse a tarefa, o que de certa forma me ofendeu, mesmo sabendo que eu jamais conseguiria.

Certa vez, durante uma aterrorizante carona para casa pelas ruas geladas de Chicago, perguntei-lhe por que ele fazia tudo aquilo. Fazia por Deus, respondeu. Deus o instruíra a reunir as pessoas, espalhar Seu amor, e isso se tornou sua missão. Senti-me desconfortável, com receio de que ele pudesse enveredar pelo proselitismo, de modo que não perguntei mais nada além disso. Mas ele nunca perguntava às pessoas sobre sua religião, nunca alardeava sua fé, nunca tentava atraí-las para o Senhor; sua fé no futebol era incondicional; a crença das pessoas no jogo era suficiente para ele. Ele me contou que, depois de sua aposentadoria, planejava comprar um terreno na Flórida e construir uma igreja, com um campo de futebol ao lado. Planejava passar o resto de sua vida pregando. Depois do sermão, seu rebanho jogaria e ele arbitraria.

Alguns anos após essa conversa, no final do verão, o Alemão se aposentou. Em um dos últimos fins de semana antes de sua partida, jogamos sob um calor sufocante. Todos estavam irritados; moscas do tamanho de beija-flores zumbiam vorazes; o campo estava duro, a umidade alta, a humildade baixa; algumas brigas irromperam. O céu escurecia acima da linha de arranha-céus ao longo da Lake Shore Drive, nuvens carregadas de chuva se formavam, prestes a transbordar. E então uma frente fria nos atingiu, como se alguém tivesse aberto um refrigerador gigantesco, e a chuva chegou repentinamente. Eu jamais tinha visto algo assim: a chuva começou em uma das extremidades do campo e avançou por ele na direção do gol oposto, progredindo com determinação, como uma seleção alemã de Copa do Mundo. Começamos a correr da chuva, mas ela rapidamente nos alcançou e ficamos instantaneamente encharcados. Existe algo aterrador no poder absoluto da súbita mudança de tempo, em sua aleatoriedade violenta – enquanto ela se abatia sobre nós em ondas, nada dependia de nossa mente ou vontade.

Corri para a van do Alemão, como se fosse uma arca, fugindo do dilúvio. Já havia outros sujeitos lá: o Alemão; Max, de Belize; um homem do Chile (consequentemente, conhecido como Chile); Rodrigo, o mecânico do carro do Alemão, que milagrosamente mantinha a van viva há mais de 20 anos; e o colega de Rodrigo, curvado, de peito nu, que parecia não falar nada de inglês, sentado em cima do refrigerador, de vez em quando distribuindo cervejas. Abrigamo-nos na van; a chuva tamborilava no teto, como se estivéssemos em um caixão, alguém jogando pás de terra sobre nós.

Assim, perguntei ao Alemão se ele achava que encontraria pessoas com quem jogar na Flórida. Tinha certeza de que encontraria alguém, ele disse, pois se você dá e não pede nada em troca, sempre aparece alguém para receber. Repentinamente inspirado, Chile começou a dizer alguma coisa que parecia uma lição mal compreendida de um manual da Nova Era, algo insípido sobre realização própria e entrega incondicional. As pessoas na Flórida são velhas e não conseguem correr, eu disse. Se forem velhas, o Alemão retrucou, estão perto de entrar na eternidade, e o que precisam é de esperança e coragem. O futebol pode ajudá-las a encontrar o caminho da vida eterna, ele disse.

Ora, eu sou ateu, vaidoso e cauteloso. Dou pouco, espero muito e peço mais – o que ele estava dizendo me pareceu pesado, ingênuo e simplista demais. Teria de fato parecido pesado, ingênuo e simplista se o seguinte não estivesse acontecendo:

Hakeem, o nigeriano que de alguma forma encontrou um jeito de jogar futebol todos os dias de sua vida, corre até a van, encharcado, e nos pergunta se vimos seus fios. Está louco, dizemos, enquanto a chuva escorre pela janela: Não vê que é o fim do maldito mundo, procure seus fios depois. *Filhos*, ele diz, estou procurando meus *filhos*. Então, vemos Hakeem correr pela chuva, pegar seus dois filhos aterrorizados que se escondiam sob uma árvore. Ele se move como uma sombra contra a cortina cinzenta de chuva, as crianças agarradas ao seu peito como pequenos coalas. Enquanto isso, na ciclovia, Lalas (apelidado como o jogador de futebol americano) está parado ao lado de sua mulher, que está em uma cadeira de rodas. Ela tem um caso terrível de esclerose múltipla e não consegue se mover rápido o suficiente para sair da chuva. Ficam parados juntos, esperando o fim da calamidade: Lalas em sua camiseta da Uptown United, sua mulher sob um pedaço de papelão dissolvendo-se lenta e irreversivelmente na chuva. O goleiro tibetano e seus amigos tibetanos, que eu nunca vira antes e nunca mais veria depois desse dia, jogam no campo completamente alagado, como se corressem em câmera lenta na superfície de um rio plácido. O chão começa a liberar vapor, a neblina cobrindo seus tornozelos, e às vezes parece que estão levitando acima do solo. Lalas e sua mulher os observam em perfeita calma, como se nada pudesse lhes causar mal (ela já morreu, que alguém tenha sua alma). Eles veem um dos tibetanos marcar um gol, a bola pesada da chuva deslizando entre as mãos do goleiro, que aterrissa em uma poça. O goleiro não se perturba, sorri, e de onde estou ele podia ser o próprio Dalai-Lama.

Então, senhoras e senhores, é disso que se trata esta pequena narrativa: o raro momento de transcendência que deve ser familiar àqueles que praticam esportes com outras pessoas; o momento, que surge do caos do jogo, em que todos os seus companheiros de equipe ocupam uma posição ideal dentro de campo; o momento em que o universo parece organizado por uma vontade maior que não é a sua; o momento que perece – como tende a acontecer com os momentos – quando você completa um passe. E tudo que lhe resta é uma vaga lembrança orgástica, física, do instante evanescente em que você estava completamente conectado a tudo e todos ao seu redor.

A PÁTINA

Depois que o Alemão foi embora para a Flórida, joguei em um parque em Belmont, ao sul de Uptown. Era um pessoal inteiramente diferente: muito mais europeus, latinos completamente assimilados e alguns poucos americanos. Geralmente, quando eu ficava empolgado demais e exigia, digamos, que os outros jogadores permanecessem em suas posições e jogassem pelo time, alguém me dizia: "Relaxe, é só exercício...", quando então eu sugeria que, se eles não conseguiam jogar da maneira que o jogo devia ser jogado, deveriam ir correr em uma maldita esteira. Nenhum jogador de Uptown jamais diria algo assim. O relaxamento não tinha vez em nosso jogo.

Um dos jogadores de Belmont era Lido, um italiano de 75 anos. Até a mais lenta das bolas era capaz de ultrapassá-lo, de modo que, quando o time era escalado, ele nunca era contado como um jogador – nós apenas o tolerávamos na quadra, certos de que ele não causaria nenhum impacto. Como muitos homens acima dos 50, Lido era totalmente iludido quanto à sua destreza física. Acreditava que ainda era tão bom jogador quanto devia ter sido há 50 anos. Encimado por uma lamentável peruca que nunca deixava de usar e que escorregava sobre seus olhos quando cabeceava a bola, estava sempre propenso a discutir, depois de ter perdido a bola, todas as suas brilhantes intenções e todos os óbvios erros que você cometera. Lido era um homem bom, decente. (Ele morreu em 2011, que alguém tenha sua alma.)

Mantive o hábito de aparecer bem cedo para os jogos, sempre atormentado pela possibilidade de não poder entrar no jogo. Lido morava ali perto e sempre estava lá antes de qualquer outra pessoa. Às vezes, ele chegava afogueado e aborrecido, porque vira um americano de nosso time escondendo-se no parque, mantendo-se longe de nós para evitar o desconfortável bate-papo antes do jogo. Que pessoas são essas?, Lido resmungava: De que têm medo? Isso jamais aconteceria na Itália, dizia. Ele era de Florença e orgulhosamente usava uma camisa de jérsei roxa do Fiorentina. Na Itália, Lido dizia, as pessoas estão sempre dispostas a conversar com você e ajudá-lo. Se você está perdido e lhes pede informações de um lugar, estão sempre prontas a deixar sua loja ou casa para levá-lo aonde você quer ir. E conversam com você amistosamente, educadamente, e não como *esses* – e abanava a mão com desprezo na direção das árvores e arbustos por trás dos quais os tímidos americanos se escondiam covardemente. Quando lhe perguntei com que frequência ia à Itália, disse que não ia sempre. Em Florença, ele mantinha uma bela

Ferrari, explicou, e havia muita gente invejosa na Itália: eles roubariam os pneus, quebrariam os pisca-alerta, arranhariam as portas com um prego, por pura maldade. Ele não gostava de ir, disse, porque as pessoas não são muito amáveis na Itália. Quando cautelosamente o lembrei de que há apenas algumas frases antes os italianos eram incrivelmente amáveis e ele exclamou, balançando a cabeça: Sim, sim, muito simpáticos!, desisti. Parecia que Lido era capaz de manter em sua cabeça dois pensamentos mutuamente exclusivos sem nenhum conflito interno – uma qualidade, percebi instantaneamente, nada incomum entre artistas.

Lido fora para Chicago na década de 1950. Em Florença, ele e seu irmão restauravam afrescos da Renascença e pinturas antigas, aparentemente abundantes por lá. Quando chegaram aos Estados Unidos, imaginaram que haveria muitas pinturas necessitadas de restauração e abriram um negócio. Vinham se saindo bem desde então, o que lhe permitia desfrutar a vida em toda a sua plenitude. Ele fora visto com uma ou duas jovens beldades agarradas ao seu braço ou desfrutando uma corrida em sua Ferrari americana. Além das beldades, parecia ter tido várias esposas. A mais recente tinha uns 18 anos, diziam as más línguas, uma noiva por encomenda que viera de uma pequena cidade no México.

Certa vez, enquanto esperávamos que os americanos superassem sua timidez, Lido me explicou como diletantes e bufões haviam arruinado o teto da Capela Sistina, a obra-prima de Michelangelo, sob a alegação de a restaurarem. Apesar da minha grande ignorância no assunto, ele descreveu para mim todos os erros que haviam cometido – haviam, por exemplo, usado solvente e esponjas para tirar a pátina dos afrescos. Lido insistiu para que eu imaginasse *aquilo*, e eu o fiz: obedientemente, imaginei atacar o indefeso Michelangelo com esponjas e solvente. Lido ficou todo exaltado e, naquele momento, limpar a obra de Michelangelo daquela forma me pareceu realmente um ato grave – imaginei um Deus pálido demais para ser onipotente, ou mesmo moderadamente poderoso.

Mas os idiotas a cargo da restauração, Lido continuou, por fim perceberam que haviam estragado a criação do Universo segundo Michelangelo e suplicaram a Lido que fosse dar um jeito. Em vez de socorrê-los, Lido enviou-lhes uma invectiva de cinco páginas, essencialmente sugerindo que enfiassem a esponja e o solvente naquele lugar. O que eles não entendiam, Lido disse, era que a pátina é parte essencial do afresco, que o mundo do Todo-Poderoso criado no teto da Capela Sistina estava *incompleto* até a argamassa absorver completamente a tinta, até tudo se tornar um pouco mais escuro. Não era um dia ensolarado quando Deus criou o mundo, Lido esbravejou; sem a pátina aquilo tudo não valia merda nenhuma.

Enquanto me contava isso, Lido estava sentado em sua bola (tamanho 4, cheia demais) e, em sua ira justa, ele fez um movimento errado e escorregou da bola, emborcando no chão. Ajudei-o a se levantar, sentindo a pele desgastada, enrugada de seu cotovelo, tocando sua pátina humana.

Então, os americanos acanhados finalmente emergiram de trás dos arbustos e das árvores, o restante dos jogadores de futebol chegou, e Lido – o homem que tomava qualquer desrespeito em relação a Michelangelo e à Criação como um insulto pessoal – instalou-se no ataque, pronto para marcar um gol espetacular.

Quem quer que tenha criado Lido devia estar satisfeito: Lido era um daqueles raros seres humanos perfeitamente completos. O restante de nós não tinha escolha senão rolar na terra, ser açoitado pelo mau tempo e adquirir uma pátina, esperando conquistar nosso direito a simplesmente, incondicionalmente, *ser*. E sempre que passava a bola a Lido naquele dia – perfeitamente cônscio de que ele chutaria para fora e seria um passe perdido – eu tinha a sensação agradável, empolgante de estar conectado com algo maior e melhor do que eu, a sensação totalmente inacessível àqueles que acham que futebol é apenas um exercício e uma forma de relaxamento.

AS VIDAS DE
GRANDES MESTRES
■ ■ ■

1

Eu não sei que idade tinha quando aprendi a jogar xadrez. Não devia ter mais do que 8 anos, porque ainda tenho um tabuleiro de xadrez, em cuja lateral meu pai inscreveu, com ferro de soldar, "Saša Hemon 1972". Eu gostava mais do tabuleiro do que de xadrez – foi um dos primeiros objetos que me pertenciam. Sua materialidade me encantava: o cheiro de madeira queimada que continuou por muito tempo depois que meu pai fez a gravação; o chocalhar das peças muito bem envernizadas dentro dele, o barulho estalado que faziam quando as assentava no lugar, o eco de madeira oca do tabuleiro. Posso até me lembrar do gosto – a ponta da rainha era agradável de ser chupada; as cabeças redondas dos peões, semelhantes a mamilos, eram adocicadas. O tabuleiro ainda está em nosso apartamento em Sarajevo e, apesar de não ter jogado nele nem uma vez há décadas, ainda é meu bem mais precioso, fornecendo uma prova incontestável de que um dia existiu um menino que era eu.

Era no tabuleiro gravado que meu pai e eu sempre jogávamos. Cabia a mim arrumar as peças, após o que ele me oferecia um de seus punhos fechados, contendo um peão branco ou um preto. Quase sempre, eu escolhia a mão com a peça preta, quando então meu pai descartava minha tentativa de negociar. Nós jogávamos e eu perdia, toda vez. Minha mãe reclamava por ele nunca me deixar vencer, pois acreditava que as crianças tinham que experimentar a alegria da vitória para serem pessoas bem-sucedidas. Meu pai, por outro lado, era inarredavelmente convicto de que tudo na vida tinha que ser conquistado e que desejar a vitória sempre ajudava a alcançá-la. Como um engenheiro que tinha fé no raciocínio frio, acreditava nos sólidos benefícios do conhecimento adquirido por tentativa e erro – ainda que, como em meu caso, fosse exclusivamente por erro.

Eu não teria admitido isso na ocasião, mas realmente ansiava por seu furtivo encorajamento; isto é, eu queria que meu pai me deixasse vencer, mas eu não queria saber que ele havia deixado. Eu não era capaz de pensar mais do que uma ou duas jogadas à frente (minhas atividades preferidas sempre foram futebol e esqui, em que você toma decisões improvisando em um momento fugaz). Sempre cometia um erro, deixando meu rei irremediavelmente isolado ou não percebendo a iminente execução da rainha. Eu inexoravelmente caía em todas as armadilhas de meu pai e era rápido demais em renunciar, a fim de poupar a mim mesmo de maiores humilhações. Porém, novas humilhações eram inevitáveis, já que meu pai me obrigava a refazer todos os passes errados que eu havia feito e que me levaram à derrota. Ele me instigava a pensar em xadrez de uma maneira concentrada – e, por extensão, pensar muito bem em tudo o mais: vida, física, família, dever de casa. Ele me deu um livro sobre xadrez (escrito, imaginem!, pelo pai de Isidora) e, lance por lance, analisávamos os jogos dos grandes mestres, como Lasker, Capablanca, Alekhine, Tal, Spassky, Fischer etc. Apesar de ser muito paciente comigo, eu raramente conseguia ver todas as gloriosas possibilidades de uma abertura sagaz ou um sacrifício inteligente. Ele tentava me levar a um horizonte distante demais, com todos os misteriosos prazeres da estratégia do xadrez, no que me dizia respeito, postergados a um futuro incerto. Analisar os jogos dos grandes mestres era semelhante demais à escola – às vezes interessante, em geral responsável por uma desagradável tensão mental. Ainda assim, quando ficava sozinho, eu tentava estudar xadrez, na esperança de vislumbrar um ou dois truques simples antes do jogo seguinte e pegar meu pai de surpresa. Em vez disso, constante e rapidamente eu atingia o teto baixo das minhas habilidades de pensamento abstrato. Não ajudava em nada o fato de os grandes mestres, como Capablanca, Alekhine e Fischer, parecerem eremitas obcecados; eu ainda não era escritor e não podia apreciar o artista devoto produzindo arte dolorosamente inaplicável. E o mundo ao meu redor não era nada além de uma infinidade de distrações: garotas bonitas, livros e gibis, minha florescente coleção de discos, garotos da vizinhança assobiando do playground embaixo da minha janela, chamando-me para uma partida de futebol.

Entretanto, comparado a outros garotos da minha idade, eu até que não era tão mau assim em xadrez. Quando jogava com meus amigos, cometia muitos erros e descuidos, mas geralmente ganhava o jogo. Para nós, o xadrez era como qualquer outro jogo infantil: estouvadamente, buscávamos uma vitória arbitrária e apressada, já pensando no que iríamos fazer em seguida. Eu preferia vencer a pensar, e absolutamente não gostava de perder. Conseguira adquirir um repertório de aberturas padrão e estratégias de ataque e, desse modo, era capaz de cometer alguns erros estúpidos e ainda assim vencer meus adversários. Eu buscava adversários que resolutamente caíam nas armadilhas do meu livro de xadrez e, em consequência, submetiam-se a uma derrota maciça. Um discurso repleto de provocações antes do jogo tinha muito mais valor para mim do que a beleza pretensiosa de combinações brilhantes.

Quando eu estava na quarta série, um professor foi designado para organizar um torneio na escola, a fim de montar uma equipe de enxadristas para um campeonato entre escolas. Eu me inscrevi. Queria desafiar a mim mesmo e enfrentar o desafio sozinho, mas tolamente contei ao meu pai sobre isso, então, no dia em que eu ia jogar, uma manhã de sábado, ele insistiu em me acompanhar. Coagiu o professor, que na verdade não se interessava muito por xadrez, a deixá-lo rearranjar as carteiras, arrumar os tabuleiros e desenhar o gráfico do placar. Ele não só era a pessoa mais envolvida no projeto, como também o *único* pai envolvido. Na sala da quarta série, mobiliada com carteiras pequenas, ele se destacava como um gigante. Todo mundo sabia de quem ele era o pai.

É altamente provável que eu tivesse me saído muito melhor naquele torneio sem a sombra do meu pai, parado ao meu lado, assomando acima de mim. Eu não tirava os olhos do tabuleiro, tentando ver todos os erros e possibilidades do ponto de vista dele, mas não via nada. A sorte de uma pessoa muitas vezes está nas falhas dos outros, de modo que consegui vencer algumas partidas. É provável que meu pai simplesmente tenha distraído os outros garotos mais do que a mim, intimidando-os com sua silenciosa presença de treinador.

Independentemente do que pudesse ter acontecido, eu consegui entrar para o time de xadrez, e duas semanas depois tomamos um ônibus para jogar contra um time de deficientes visuais em sua escola em Nedžarići – um bairro tão distante para mim na época que era praticamente outra cidade. Fui o quinto de oito tabuleiros, mas verificou-se que seriam necessários apenas quatro tabuleiros, portanto passei o dia fazendo hora pelos deprimentes corredores da decrépita escola para cegos e de vez em quando indo bisbilhotar na sala dos jogos, apenas para testemunhar as crianças cegas estraçalharem meus companheiros de time em mil pedacinhos mortificados. Eu queria apaixonadamente jogar, mas, ao ver o massacre, fiquei contente de ter sido poupado. As crianças cegas franziam o cenho e sacudiam a cabeça sobre os tabuleiros, agarrando a peça com um pino na parte de baixo, depois apalpando o tabuleiro para encaixar a peça no orifício no meio do quadrado desejado.

Tentei imaginar um espaço mental dentro do qual o jogo existia para elas, uma interioridade onde todas as combinações, todas as linhas de avanço e posições de defesa eram

– evidentemente – muito bem delineadas. Mas o que eu via, em vez disso – e que, achava, elas não tinham como ver –, era a solidez banal da realidade física inegociável, a modalidade inevitável do visível, além das quais eu não conseguia ver coisa alguma. Sendo um garoto de 10 anos, eu funcionava, satisfeito, na exterioridade, retirando-me para meu íntimo somente quando estava lendo. O mundo em toda a sua concretude banal, teimosa, nunca poderia ser completamente suspenso para mim, a fim de que eu pudesse pensar dentro do espaço abstrato do jogo. Quando eu jogava com meu pai, por exemplo, a sua própria presença corpórea era uma terrível distração. Nunca consegui separar o jogo do nosso relacionamento e tudo que o cercava: seu joelho se levantava com um movimento rápido, impulsionado pelo pé compulsivo; as mãos grandes, com polegares largos e achatados, moviam as peças com uma confiança destruidora; ele balançava a cabeça quando descobria oportunidades completamente invisíveis para mim; o cheiro de comida flutuava da cozinha; minha mãe pairava no horizonte, implorando ao meu pai, mais uma vez, para não dar xeque-mate. Quando então, ele fazia exatamente isso.

Naturalmente, eu cheguei ao ponto de sempre recusar seu convite para jogar – alegava que ainda estava treinando, aprendendo, preparando-me. Mas quando ele jogava contra čika-Žarko, seu amigo de faculdade, eu ficava bisbilhotando e ouvindo as provocações com que um tentava desconcentrar o outro. Às vezes, com sentimento de culpa, eu torcia contra meu pai. Eu queria testemunhar sua derrota, para que ele pudesse entender como eu me sentia quando jogávamos.

Enquanto ele queria me ensinar o que sabia, eu queria que ele visse o que tudo aquilo significava para mim – talvez o amor seja um processo de encontrar uma visão comum de realidade. Eu queria que compartilhássemos a noção de que o número de jogadas erradas excedia em muito o número de boas jogadas, compartilhássemos a assustadora instabilidade da decisão correta, nos uníssemos em ficarmos desconcertados. Atualmente, é claro, eu não me lembro nem de suas vitórias, nem de suas derrotas, como também não me lembro de vê-lo derrotado. Na tela da minha memória, ele está perpetuamente fazendo cara feia sobre as peças, fazendo o pé dar um salto espasmódico e involuntário a uma velocidade proporcional à dificuldade da sua posição no tabuleiro. Imagino que ele adore ficar dentro de si mesmo, adora resolver problemas no laboratório de sua mente de engenheiro; ele adora o espaço no qual a lógica e a razão dominam. Ele me adora.

2

No colégio, eu estava em uma turma avançada. Meus colegas de classe e eu tínhamos cerca de 12 horas por semana de matemática e física, tudo às custas das ciências humanas e ciências naturais. Nós nos debruçávamos sobre cálculo diferencial e números imaginários, lutávamos com a física quântica e funções complexas, enquanto nossos equivalentes em turmas "normais", que tinham dificuldade de compreender noções básicas de fração, refestelavam-se pelos campos férteis, ensolarados da arte, música e biologia, aprendendo o que todo garoto de colegial é bom em aprender – nada em particular.

Eu resolvera me matricular na turma de especialização em matemática porque desenvolvera um fascínio pela teoria da relatividade. Depois de ler vários artigos em revistas de divulgação científica sobre a teoria de Einstein e suas espantosas implicações (Espaço-tempo! Buracos negros! Matéria escura!), concluí que o trabalho de um físico teórico consistia em ficar olhando as estrelas e imaginando universos alternativos, o que me parecia algo que eu poderia fazer para ganhar a vida. Mas logo depois de iniciar a escola secundária fui forçado a reconhecer que tudo que eu podia esperar no campo do pensamento matemático era improvisar, e dali em diante passei a improvisar.

Minha turma era um ambiente dominado por *geeks*, com um número tragicamente baixo de garotas interessadas em agarramentos aleatórios. As outras turmas tinham muito mais mulheres, todas as quais estavam fora do nosso alcance, permanentemente repelidas pela matéria escura que nós, *nerds*, emitíamos. Logo ficamos conhecidos em nossa escola por um termo pejorativo: os quitandeiros, já que calcular despesas de mercearia parecia ser a única aplicação de matemática que os outros alunos podiam imaginar.

Havia vários matemáticos consideravelmente talentosos em minha turma e ao menos um gênio comprovado. Chamava-se Mladen e decididamente era um chato – usava suéteres com gola em V e calças impecáveis, com vincos marcados a ferro; seus cabelos eram secados com secador e repartidos do lado, com um grande topete; prestava atenção às aulas, não xingava, não usava gírias, não tinha nenhum interesse em rock'n'roll, nem em futebol, e era um sujeito descaradamente legal, sem nenhuma pose de adolescente. Os problemas de matemática com que nos engalfinhávamos eram mamão com açúcar para ele; vivia confortavelmente dentro do espaço árido e luminoso da matemática. Certa vez, quando corríamos em círculos um ao lado do outro em nossa aula de educação física, ele me disse, inesperadamente: "Sua trajetória é mais longa do que a minha." Eu não fazia a menor ideia do que ele estava falando, até que me explicou que, como ele estava na parte de dentro do círculo, as minhas voltas eram maiores do que as dele. Antes do final do nosso primeiro ano, ganhou uma medalha de ouro na Olimpíada Internacional de Matemática, em Washington, D.C., enquanto minhas façanhas consistiam em ter lido *O apanhador no campo de centeio*, me tornado um fumante, passado de Led Zeppelin para XTC, bem como me entregado à mediocridade acadêmica.

Como não tínhamos nenhum acesso às alunas do colégio e a seus corpos, jogávamos muito xadrez. Geralmente, organizávamos torneios inteiros. Jogávamos durante a aula, enquanto nossos professores permaneciam completamente alheios a tudo. O placar ficava afixado na parede da sala de aula, Mladen sempre no topo da lista, de longe melhor do que qualquer um de nós. Na verdade, ele era tão bom que podia jogar partidas simultâneas às cegas, às vezes contra até seis adversários, o tempo todo prestando atenção ao professor e cuidadosamente copiando do quadro-negro. Nós corríamos o risco de uma repreensão, escondendo nossos tabuleiros embaixo da carteira, ignorando inteiramente a aula em andamento. Após analisar a posição mais recente, cada um de nós lhe enviava um bilhete, dizendo, por exemplo, "Ke2 para e4". Sem perder o fio da meada da explicação do professor, ele respondia rapidamente com uma jogada. Podíamos atestar imediatamente o brilho de seu pensamento e reconhecer que estávamos sendo destruídos. Por vingança, zombávamos da maneira como ele limpava o quadro-negro, esticando o traseiro para fora, enquanto passava o apagador de cima para baixo, em perfeitas linhas retas e paralelas.

O único que podia sequer começar a competir com Mladen era Ljubo. Eu o conhecia desde a escola fundamental. Na época, quando eu fingia ser o George em uma banda *cover* dos Beatles, ele gostava de ser o Ringo. No colégio de ensino médio, entretanto, Ljubo perdeu o interesse em rock'n'roll e na verdade em muitas coisas fora do domínio da matemática e do xadrez. Ao contrário do bem-comportado, disciplinado, bem arrumado Mladen, Ljubo era irremediavelmente desleixado, inteiramente de acordo com um matemático distraído. Sua caligrafia era tão ilegível que ele às vezes recebia notas baixas em testes de matemática simplesmente porque o professor não conseguia decodificar suas brilhantes soluções a equações difíceis. Contaminado pelos mitos neorromânticos do não conformismo (Bukowski! Sex Pistols! Warhol!), eu achava que sua incapacidade de atuar dentro da realidade a que todas as demais pessoas estavam confinadas era a marca de um verdadeiro gênio – ele, eu pensava, podia terminar sendo um dos grandes entre nós.

No primeiro ano do colégio, Mladen decidiu que não queria mais jogar às cegas com enxadristas medíocres e explicar gráficos de funções complexas a palhaços como eu. Em poucos meses, ele passou em todos os exames necessários, formou-se no ensino médio, matriculou-se na universidade e desapareceu no universo da vida responsável. O restante dos maus enxadristas quitandeiros teve que suar para passar nos exames do bacharelado antes da formatura, apenas para ter que se alistar e fazer um ano de serviço militar obrigatório.

Ljubo, desleixado e desorganizado demais para fazer o que Mladen fizera e, assim, evitar o serviço militar, teve muita dificuldade como recruta. Voltou do exército terrivelmente perturbado, muito embora tenha passado em todos os difíceis exames de matemática em seu primeiro ano na faculdade. O único exame em que teve dificuldade foi em geometria, porque tinha que desenhar gráficos com nitidez e precisão. Comparecia às provas sem se barbear e coberto de espinhas, a camisa enxovalhada para fora da calça, com apenas uma régua quebrada e um único lápis de ponta rombuda na mão. Os gráficos que ele tinha que desenhar para o exame pareciam representar sua mente conturbada e confusa bem melhor do que um simples espaço euclidiano.

Logo, ele enveredou por uma completa esquizofrenia. Foi internado umas duas vezes em Jagomir, um sombrio hospital psiquiátrico perto do zoológico da cidade, na periferia de Sarajevo. Nunca fui visitá-lo ali, mas alguns dos nossos colegas de turma foram. Voltaram com terríveis histórias de quartos pequenos abarrotados de pacientes servindo um café imaginário em bules imaginários a convidados imaginários ou encolhidos nos cantos e uivando com uma dor irreal. Para suas visitas, Ljubo desenrolava longas e complicadas histórias de intricadas conspirações, zombando de seus colegas por não conseguirem ver as óbvias conexões entre remotas possibilidades. Ao contrário de Ljubo, não tinham vozes para guiá-los através de sua interioridade caótica e ficavam ouvindo-o, impotentes, perplexos.

Certa vez, quando Ljubo tinha retornado de Jagomir para a casa dos pais, sua mãe nos telefonou e sugeriu que fôssemos lá conversar com ele e animá-lo. Éramos sete, seus amigos de colégio. Tocamos a campainha timidamente, dando risadinhas nervosas, e oferecemos bombons de presente à sua aflita mãe. Ela nos serviu refrigerantes e sanduíches, como se estivéssemos em uma festa de aniversário, e depois nos deixou sozinhos, sem dúvida ficando com o ouvido colado ao outro lado da porta. Murmuramos algumas palavras, sem jeito, porque Ljubo não estava nada bem e não sabíamos o que dizer. Ele estava apático e lento, sob o efeito de forte medicação antipsicótica. Em seguida, ouvimos, num silêncio aturdido, enquanto ele desfiava suas narrativas esquizofrênicas. Dessa vez, ele nos revelou a verdadeira história de Alekhine, o qual, na versão de Ljubo, descendia diretamente de Deus e, portanto, partilhava de uma espécie de mecanismo de controle do destino, plenamente visível para aqueles que analisavam seus jogos corretamente. De algum modo, a divindade de Alekhine fora transferida para Ljubo, que assim tinha comunicação direta com Deus. Nós não fazíamos a menor ideia, ele nos disse, sobre o que estava acontecendo enquanto conversávamos, não tínhamos como apreender a magnitude de seus poderes ainda não utilizados. O fio sobre Alekhine foi, então, costurado em sua alegação de que os grandes mestres de verdade – aqueles do calibre divino de Alekhine –, todos eles, por fim, abandonavam o xadrez. Porque o número das diferentes posições no jogo, apesar de imenso, era finito, e os verdadeiros grão-mestres finalmente dominavam todas as possíveis combinações, atingindo, assim, os limites mais longínquos do xadrez. Quando atingiam esse ponto, ficavam entediados, já que não havia mais novidade no jogo. Nós o ouvíamos, extasiados. Ele continuou: quando os grandiosos grão-mestres se cansavam do xadrez, eles mudavam para o xadrez invertido, onde o objetivo era perder o mais rápido possível – quem perdesse primeiro, vencia o jogo. O xadrez invertido chamava-se *bujrum*, o que em bósnio significa algo como "sirva-se", e é usado quando se oferece comida na mesa. Assim, você oferece suas peças ao outro jogador, tentando perder tantas quanto possível, o mais rápido possível, e então colocar-se em posição de xeque-mate. Eu havia jogado *bujrum* quando pequeno, alheio à possibilidade de estar pisando em solo divino. Todos os grandes mestres, disse Ljubo, agora jogavam *bujrum*, inclusive Bobby Fischer. Muitos dos maiores jogadores de *bujrum* eram desconhecidos. Karpov e Kasparov (na época, furiosamente envolvidos em uma rivalidade por causa do título de campeão mundial) não passavam de jogadores fracos e patéticos, incapazes de atravessar a fronteira do *bujrum* para o outro lado do xadrez.

Sua perturbada convicção era tão forte que a história fez sentido por um instante – tivemos que despertar do transe para conseguir descartá-la, sempre sem dizer nada. Não sabíamos como responder às suas divagações, nem conseguíamos pensar em um contra-argumento que pudesse sequer começar a enfraquecer sua fé psicótica. Permanecemos sentados, remoendo tudo aquilo, até que sua mãe entrou com mais *pretzels* e Coca-Cola. Rapidamente nos lançamos sobre o lanche, enchendo a boca para evitar ter que dizer qualquer coisa. Esperávamos poder ir embora agora, mas a mãe de Ljubo queria que a reunião continuasse, e sugeriu a Ljubo que tocasse um pouco de acordeão para nós. Obedientemente, ele foi buscar o instrumento. Esperamos, enquanto ele ajustava as correias com uma lentidão inacreditável. Reconhecemos os primeiros acordes de "Ode à alegria"; nenhum de nós esperava que ele fosse tocar Beethoven em seu acordeão desafinado. Comprimindo-o e esticando-o devagar, ele produzia notas e chiados perfeitamente desprovidos de qualquer ideia de alegria. Até hoje, a interpretação de Ljubo do último movimento da Nona de Beethoven é a peça musical mais triste – na verdade, o mais triste som gerado pelo ser humano – que eu já ouvi. O que ele tocou para nós estava para a música assim como o *bujrum* estava para o xadrez: sua interpretação foi o completo oposto de "Ode à alegria". Ficamos paralisados pelas assustadoras possibilidades sugeridas em sua antimúsica e seu antixadrez.

Além da nossa vida, havia a antivida e ele a estava vivendo; nós não tínhamos percebido, até ouvir a anti-"Ode à alegria". Aplaudimos estupidamente, engolimos nossa Coca-Cola já sem gás, agradecemos à sua mãe e voltamos para casa para tentarmos viver sem medo da antimatéria e da escuridão.

3

No começo da década de 1990, depois que eu me mudei da Ukrainian Village para Edgewater, joguei xadrez em um lugar em Rogers Park chamado Atomic Café. Ficava a alguns quarteirões de distância do prédio Artists in Residence, onde eu alugara um pequeno estúdio. O café ficava ao lado do 400 Movie Theater, um cinema que exibia filmes que já haviam passado em outros circuitos, por apenas 2 dólares, e que cheirava a pipoca rançosa e banheiros permanentemente entupidos. No verão, as pessoas jogavam xadrez ao ar livre, em uma pracinha cercada; no restante do ano, o café ficava cheio de estudantes da vizinha Loyola University, com um dos cantos sempre ocupado por entusiastas de xadrez. Os jogadores de North Side reuniam-se todos os dias para jogar no café; nos fins de semana, podia-se jogar por 12 horas seguidas. Na primeira vez que fui lá, no começo do verão de 1993, fiquei bisbilhotando por algum tempo antes da sessão do cinema. No dia seguinte, retornei ao café esperando jogar uma partida. Depois de ficar olhando timidamente, reuni coragem para aceitar o desafio de um homem mais velho que se apresentou como Peter. Ele tinha uma aparência decadente: tufos de pelos grisalhos saindo das orelhas, uma camisa de flanela prestes a estourar na barriga avantajada, envelopes saindo do bolso do peito. Por alguma razão, ele exalava um forte cheiro de perfume. Mas me pareceu muito sagaz quando franziu as sobrancelhas para examinar a posição no tabuleiro. Mais ou menos como se pode identificar um bom jogador ou uma boa jogadora de futebol pelo modo como toca a bola com o pé, pude ver que Peter era um jogador sério de xadrez pela maneira como se voltou para dentro de si mesmo para contemplar o próximo lance e todas as possibilidades além dele.

Não me lembro como o primeiro jogo contra Peter acabou, mas tenho certeza de que eu perdi – já fazia algum tempo desde que eu tomara parte em um jogo realmente desafiador. Mas continuei voltando ao café, jogando cada vez mais, em geral contra Peter, que nunca parecia se cansar de me derrotar. Joguei com outros também, e comecei até mesmo a ganhar de alguns frequentadores respeitáveis. Dentro de pouco tempo, eu estava passando fins de semana inteiros no café, interrompendo as longas horas de xadrez apenas para ver um filme no prédio ao lado.

Como constatei depois, o Atomic Café era frequentado por todo tipo de personagem obcecado por xadrez. Entre uma partida e outra, eu ficava batendo papo com os jogadores desocupados, fazendo-lhes um monte de perguntas, sempre ávido a extrair fragmentos da vida de outras pessoas. Havia um veterano do Vietnã, por exemplo, que vivia de auxílio-invalidez pelo menos desde a queda de Saigon. Ele sempre balançava o joelho rapidamente e tinha orgulho de ter ajudado a barrar o avanço do comunismo no Sudeste da Ásia. Jogava xadrez, usava drogas e praticamente não fazia mais nada. Certa vez, ele me contou ter colocado o rosto, sob o efeito do ácido, embaixo de água corrente para examinar as gotas que caíam – sua beleza molecular de um azul incrível enlouqueceu a porra da sua cabeça. Havia Marvin, o Mestre, do tamanho e da forma de um jogador de futebol, que de vez em quando passava pelo café para jogar partidas ultrarrápidas, descartando os jogadores fracos com tal rapidez e brilhantismo que ninguém na turma de espectadores conseguia ver o que estava acontecendo. Havia um indiano, um brilhante programador de computadores, que nos poucos anos em que frequentei o local perdeu vários empregos por causa de sua obsessão por xadrez. Ele prometera à sua mulher ao menos uma vez que iria parar, mas não conseguia deixar de pensar incessantemente no jogo. Não conseguindo se livrar do xadrez, ele ainda assim ia para o café, mas recusava todos os convites para jogar, desperdiçando praticamente o mesmo tempo bisbilhotando o jogo dos outros. Como era de esperar, ele acabou divorciado. Ele mesmo me contou isso, na última vez que o vi. Dirigia um táxi na época, que estacionava em frente ao café para jogar o dia inteiro, saindo feliz da vida do veículo e completamente desinteressado em conseguir uma corrida. Todos os meus amigos de xadrez pareciam ser pessoas solitárias, esforçando-se permanentemente para reproduzir a beleza dolorosamente evanescente do jogo, nunca se aproximando da fronteira do *bujrum*.

E também havia Peter. Quando jogava com ele, eu atacava de todos os lados e ele pacientemente se defendia, esperando que eu cometesse um erro. Sem escapatória, eu cometia um erro e ele entrava no final do jogo com um peão a mais, avançando inexoravelmente para se transformar em rainha. Logo eu era obrigado a reconhecer a derrota, quando ele então, brincando, exigia minha renúncia por escrito. Não conversávamos muito enquanto jogávamos, mas batíamos papo entre uma partida e outra, trocando informações básicas e descobrindo coisas em comum. Ele era dono de uma perfumaria na vizinhança e morava lá mesmo, o que explicava seu perfume floral, inebriante, em constante mudança, incompatível com sua aparência de velho desleixado. Nós dois vínhamos de longe: eu lhe contei que nasci e cresci em Sarajevo, Bósnia, ao que ele disse: "Sinto muito." Ele, por outro lado, era assírio, mas nascido em Belgrado. Quando andava para casa depois de um longo dia de jogo, eu lhe perguntei como ele fora nascer em Belgrado. Após um resmungo de relutância, com uma voz fraca, embaraçado, ele me contou que seus pais fugiram da Turquia em 1917, na época em que os turcos estavam ocupados em exterminar os armênios, mas ainda podiam reservar, enquanto estavam com a mão na massa, algum tempo e munição para se livrar de alguns assírios. Seus pais acabaram em Belgrado, e ele então nasceu lá. Alguns anos mais tarde, seguindo uma trajetória de refugiado adequadamente imprevisível, eles se viram no Iraque mais ou menos na época em que se tornou independente, e foi lá que ele cresceu. Depois, com vinte e poucos anos, ele teve que deixar o Iraque porque teve uma briga com o filho do primeiro-ministro (ele não deu explicações ou detalhes), sua vida estava em perigo, e ele fugiu para o Irã. Casou-se, teve um filho e, em 1979, vivia em Teerã, empregado na embaixada americana, provavelmente o pior local de trabalho imaginável, no caso de uma revolução islâmica local. Durante a caótica revolta, seu único filho, ostensivamente vestindo jeans, foi parado e revistado na rua pelos revolucionários. Ele carregava um pouco de maconha e eles o executaram ali mesmo com um tiro.

Assim, ali estava um assírio chamado Peter, vendendo Eternity for Men falsificado, em Chicago, derrotando-me no xadrez sem nenhuma satisfação em particular; ali estava um homem cuja vida continha mais sofrimento do que eu podia sequer imaginar. A história de Peter me foi narrada ao longo de alguns quarteirões que percorremos juntos antes de nos despedirmos, em mais ou menos cinco minutos. Sempre há uma história, aprendi naquela caminhada, mais dolorosa e constrangedora do que a sua. E compreendi por que eu me sentia tão ligado a Peter: nós pertencíamos à mesma tribo deslocada. Eu o selecionei em uma multidão porque reconheci nossa afinidade.

Lembrei-me de como ele, algumas semanas antes, explodira com dois alunos da Loyola que tagarelavam na mesa ao lado, no linguajar "descolado" dos jovens, quase sem reduzir o ritmo para respirar. Eu estava irritado com o vazio permanente da conversa, com a frequência idiota com que usavam palavras supérfluas, e não conseguia deixar de ouvi-los, precisamente porque eu não fazia a menor ideia do que eles conversavam. Mas simplesmente fiquei aturando, sempre propenso à distração. Peter, entretanto, explodiu repentinamente: "Por que vocês falam tanto?", gritou para eles. "Estão falando há uma hora, sem dizer nada. Calem a boca! Calem a boca!" Os estudantes calaram-se, aterrorizados. A explosão de Peter, por mais chocante que pudesse ter sido, fez perfeito sentido para mim – não só ele deplorava o desperdício de palavras, como detestava a lassidão moral com que eram desperdiçadas. Para ele, em cuja garganta o osso do deslocamento estava para sempre entalado, era errado falar a respeito de nada quando havia uma perpétua escassez de palavras para todas as coisas terríveis que aconteciam no mundo. Era melhor ficar calado do que falar bobagem. Uma pessoa tinha que proteger do furioso ataque de palavras desperdiçadas o lugar profundo e silencioso em seu íntimo, onde todas as peças podiam ser arrumadas de uma maneira lógica, onde os adversários respeitavam as regras, onde, ainda que você ficasse sem possibilidades, deveria haver uma forma de transformar derrota em vitória. Os estudantes, é claro, não podiam nem de longe compreender o doloroso infinito do espaço interior de Peter. Inoculados contra a mudez, não tinham acesso ao indizível. Não podiam nos ver, embora estivéssemos lá, assim como não estávamos em lugar nenhum e estávamos em toda a parte. Assim, eles se calaram e permaneceram sentados em mudo esquecimento; então, levantaram-se e saíram. Peter e eu rearrumamos as peças para outra partida de xadrez.

4

Após cerca de dois anos jogando regularmente no Atomic Café, tornei-me muito bom para um jogador medíocre. Para dar um passo além, vir a ser um jogador realmente bom, teria que voltar a analisar os grandes jogos. Isso não iria acontecer: não só eu era velho e preguiçoso demais, como também não tinha tempo de estudar xadrez, já que precisava ganhar dinheiro para alimentar e vestir o corpo que envolvia o espaço interior. Além disso, após alguns anos sentindo-me empacado entre minha língua materna e minha língua de deslocado, e sendo incapaz de escrever em qualquer uma delas, finalmente comecei a escrever em inglês. Ao fazê-lo, delimitei um novo espaço, onde eu podia processar experiências e gerar histórias. Escrever era uma outra forma de organizar minha interioridade, de modo que eu pudesse me retrair para dentro dela e povoá-la de palavras. Minha necessidade do xadrez se dissipava à medida que era preenchida pela escrita.

Agora me parece que a última partida que joguei foi contra meu pai, embora isso muito provavelmente não seja verdade – foi apenas a última que realmente importou. Eu estava visitando meus pais em Hamilton, Ontário, em 1995, e desafiei meu pai para uma partida. Tendo se estabelecido no Canadá, meus pais estavam no nadir de sua trajetória de refugiados e, pareceu-me na ocasião, à beira de um ataque de nervos. Atormentados pelo brutal clima canadense, desconfortáveis com a língua que tinham que usar, com poucos amigos ou parentes, estavam propensos a uma nostalgia e uma desesperança devastadoras.

Eu não era capaz de ajudá-los de nenhum modo. Em minhas visitas, discutíamos com muita frequência. O desespero deles me aborrecia, porque se igualava ao meu e impedia que pudessem oferecer consolo a *mim* – acredito que eu ainda queria ser tratado como filho. Discutíamos pelos menores motivos, erroneamente relembrando e trazendo à baila brigas não resolvidas e insultos não esquecidos de antes da guerra, apenas para fazer as pazes dali a alguns minutos. Sentíamos falta uns dos outros, mesmo quando estávamos juntos, porque o problema era a perda de nossa vida anterior – absolutamente nada mais era do jeito que costumava ser. Tudo que fazíamos juntos no Canadá nos lembrava do que costumávamos fazer juntos na Bósnia. Assim sendo, não gostávamos de nada que fazíamos, mas não tínhamos mais nada a fazer. Eu passava dias inteiros no sofá dos meus pais (doado por um bondoso canadense), vendo reprises de *Law and Order*. Despertava do meu coma de TV com uma necessidade urgente de gritar com alguém, semelhante à que levara Peter a aterrorizar os desafortunados estudantes da Loyola.

Em um desses dias desoladores, desafiei meu pai para um jogo. Admito que eu estivesse ardendo de vontade de derrotá-lo; tendo passado pelo campo de treinamento do Atomic Café, eu estava pronto a descartar sua sombra acima do meu ombro após algumas décadas sem jogar contra ele. Agora, eu podia reparar o duradouro desequilíbrio entre nós vencendo-o e colocando-o em uma posição em que ele sentisse o que eu sentia quando garoto. Eu lhe ofereci meus punhos cerrados, cada qual fechado sobre um peão, para que ele escolhesse; ele pegou o preto. Arrumamos as peças em um minúsculo tabuleiro magnético; jogamos; eu venci; não senti nenhum prazer nisso. Nem ele. É possível que ele finalmente tenha deixado eu vencer. Se o fez, eu não notei. Apertamos as mãos em silêncio, como dois verdadeiros grão-mestres, e nunca mais jogamos um contra o outro.

A VIDA NO CANIL
■ ■ ■

1

Em 1995, na sala dos professores de uma escola profissionalizante onde eu ensinava inglês como segunda língua, conheci L. Durante a nossa conversa, ela declarou que Robert Bresson era seu diretor de cinema preferido. Havia uma retrospectiva de Bresson na Facets naquela semana e sugeri que fôssemos ver *O batedor de carteiras* juntos; a caminho da sala onde dava aula, ela deu um pequeno salto para se desviar de uma cadeira e um pensamento – se essa é a palavra – surgiu em minha mente: "Eu vou me casar com esta mulher." Não era nem uma decisão nem um plano; não estava relacionado a desejo, nem a uma sensação de afinidade. Era simplesmente a constatação de um futuro inevitável: eu soube que iria me casar com ela, da mesma maneira que sei que é noite quando é noite.

Fomos ver *O batedor de carteiras*; depois, em seguida, vimos *Lancelot do lago*, que relata a história de Lancelot e Guinevere, despindo-a de qualquer floreado romântico – quando os cavaleiros circulam em suas armaduras, pode-se ouvi-las implacavelmente rangendo e atritando, e imagina-se a carne por baixo, as feridas inflamadas e tudo o mais. Mais tarde, fomos tomar um drinque no Green Mill e eu a beijei no bar; ela levantou-se do banco e saiu. Na época, L. tinha um namorado, e ela localizou-o em uma festa onde ele pulava para cima e para baixo ao som de uma música estimulante; ela o trouxe de volta à Terra e rompeu o namoro. Assim, começamos a namorar. Um ano e meio depois, estávamos morando juntos; dois anos e meio depois, eu a pedi em casamento enquanto amarrava o tênis – pondo em prática, por assim dizer, o clichê de dar o nó no cadarço. Ela não ouviu o que eu disse e eu tive que repetir. Eu não tinha nenhum anel comigo, mas ela aceitou.

Fizemos muitas coisas juntos. Viajamos: Xangai, Sarajevo, Paris, Estocolmo; eu a ensinei a esquiar; ela crescera em Chicago e me contou histórias da cidade que de outra forma eu não poderia ficar sabendo; morávamos em uma casa em que a campainha da porta da frente tocava se você pisasse em um determinado lugar do assoalho da cozinha; compramos um apartamento com duas lareiras; tínhamos um gato e ele morreu. Certa vez, ela tirou seu anel de casamento para lavar as mãos e ele caiu e rolou pelo assoalho diretamente para dentro de uma abertura do sistema de aquecimento, e nunca mais pôde ser encontrado. Nós dois nos considerávamos pessoas honradas e nos amávamos o suficiente para remendar as rachaduras, que logo começaram a aparecer.

Levei alguns anos para gradualmente perceber que não deveríamos ter nos casado, mas eu herdara o conceito de casamento dos meus pais, de que era uma instituição que dependia – como tudo o mais em suas vidas – de trabalho árduo. Assim, a metáfora operacional de nosso casamento para mim era uma mina – estar casado era como descer por uma mina todos os dias e cavar para encontrar algum minério de valor. A possibilidade de um casamento funcional, gratificante, dependia do esforço extenuante que fosse feito, o que quer dizer que ser simplesmente feliz era sempre adiado a algum futuro hipotético – se continuássemos a escavar, um dia seríamos felizes. Mas pode não haver metais preciosos suficientes para nós escavarmos; e ao final do turno de cada dia eu estava com raiva e exausto. Logo, períodos de relativa calma, espremidos entre brigas destrutivas, eram considerados o precioso minério da felicidade. Chegamos ao ponto de aceitar a ausência de brigas como a meta e a razão de ser de nossa união matrimonial. Demonstrávamos e reconhecíamos o amor somente na forma de tentar com todo o empenho fazer as pazes. O que oferecíamos a cada um em lugar de profundo afeto eram gestos de reconciliação ou de agressão – às vezes, de maneira confusa, ambos ao mesmo tempo. Eu tinha frequentes explosões de raiva, a expressão da mágoa infligida pela vida, que eu não sabia como curar; eu a extravasava odiosamente, com rancor.

 O fim do meu primeiro casamento veio inesperadamente, ainda que tenha demorado a chegar, porque a dor e a infelicidade agora já eram habituais, o efeito colateral de ter que descer diariamente ao fundo da mina. Eu estava sempre procurando, furiosamente, reunir argumentos contra L., sempre à espera de uma oportunidade de revelar as provas irrefutáveis de que nada daquilo era culpa minha, que na verdade eu é quem fora magoado, o que carregava uma dor maior no peito. Finalmente terminou, no auge da enésima briga, banal em si mesma e de si mesma. O confronto tinha um padrão reconhecível, bem ensaiado, que inevitavelmente terminava em objetos quebrados e gritaria. Era normalmente seguido por um período de terrível culpa de minha parte por perder o controle e magoar L. mais uma vez – perto do final, a culpa era tudo que restava entre nós. Desta vez, no meio de tudo, um pensamento – se essa é a palavra – surgiu em minha cabeça: eu não podia continuar com aquilo. Não havia nada que eu quisesse dizer ou provar a L.; nada mais valia uma briga; nada mais valia a pena tentar. Como em uma parábola zen, o fundo do meu eu caiu e instantaneamente fui esvaziado de toda raiva e amor – minha vida de mineiro terminou em menos de um minuto. Nessa mesma noite, em janeiro de 2005, levei L. de carro, através de uma torrente de lágrimas, para a casa de sua mãe em Indiana, depois voltei para nosso apartamento vazio.

Quando um casamento termina, o que resta é a incômoda dissolução. Eu não conseguia suportar ficar olhando para as lareiras frias e, em uma semana, já estava procurando um lugar temporário, mobiliado, para morar, onde eu pudesse ficar até toda a confusão se resolver. Meus recursos financeiros eram limitados, o que significava que os lugares que eu estava apressadamente considerando eram um pouco desalentadores. Cada um dos apartamentos terrivelmente mobiliados me foi mostrado por um síndico do prédio que menosprezava as pessoas suficientemente desesperadas para aceitar viver naqueles lugares; todos tinham uma porta que se abria diretamente para o mundo da absoluta e sombria solidão. Em um estúdio disponível no elegante bairro de Chicago conhecido como Gold Coast parecia que alguém acabara de ser brutalmente assassinado ali dentro, e a administração tivera suficiente consideração para caiar as paredes manchadas de sangue.

Após alguns dias de busca, decidi-me por um estúdio no alto de um prédio de três andares no Northwest Side de Chicago. A senhoria – vamos chamá-la de Mary – vivia no segundo andar. Era uma advogada de adoção; mostrou-me fotos de casais felizes, deslumbrados, os bebês confusos com seu novo destino no colo de seus pais adotivos. Mary parecia uma pessoa generosa, compreensiva, do tipo que aceitava párias, caninos e humanos. Ela não fazia muitas perguntas e não tinha nenhum interesse em meu inexpressivo histórico de crédito, assim eu galantemente lhe dei um cheque na hora. Com o cheque na mão, ela disse que esperava que eu não me incomodasse com cachorros, pois ela criava vários e trabalhava ativamente em um abrigo. "Eu adoro cachorros", admiti, e contei-lhe um pouco sobre Mek; ela emitiu todas as adequadas exclamações de admiração. Seu apartamento parecia tão bom quanto qualquer outro para os meus próximos acessos de autopiedade.

Voltei à minha antiga casa, fiz umas duas malas, carreguei-as no meu Honda Civic juntamente com meu aparelho de som e me dirigi para oeste, ao pôr do sol.

Uma das poucas fitas no meu carro na época era *Hank Williams 40 Greatest Hits* e eu a ouvia toda vez que dirigia. A sensação de estar entrando em uma nova vida pode fazer quase tudo parecer significativo ou profético, e não pude deixar de me imaginar como um *homem errante* – o homem sobre o qual o velho Hank escrevera a canção – enquanto dirigia para a *mansão na colina* de Mary.

A névoa da significação, no entanto, por algum motivo deixou de encobrir o fedor insuportável que percebi uns dois dias depois de me mudar. Tentei me lembrar se sentira alguma coisa quando Mary me mostrou o estúdio, mas não me lembrava de nada irritando meu nariz. Passei muito tempo tentando analisar o fedor, como se ao compreendê-lo ele se tornasse suportável – uma falácia intelectual comum. Além das esperadas fezes e urina de cachorro, havia outros desconcertantes ingredientes: um miasma genérico, um toque de ranço de sujeira de gato (pois também havia, constatei, mais dois gatos), café fétido, um bafo de desinfetante fraco. O mais dominante era o de ração de cachorro barata, de certa forma embutido no cheiro de Crisco, como se Mary os fritasse para seus filhotes.

Disposto a enfrentar todo e qualquer novo desafio, achei que eu pudesse me acostumar com o odor, mas na verdade estava piorando a cada dia. Em determinado momento, ficou tão intenso que fui ao supermercado, no calor de um momento particularmente fedorento, resolvido a esbanjar dinheiro em luxuosos purificadores de ar. Mas o fato de estar me encaminhando para o divórcio me deixava sovina – encontrei Air Wicks em promoção e comprei suficientes Maçãs Verdes e Madressilvas para compensar o mau cheiro de uma casa cheia de cadáveres em decomposição. No começo, não houve nada além do perfume adocicado em meu estúdio, mas depois os dois cheiros se mesclaram. Eu nunca havia sentido nada parecido com a mistura olfativa de ração de cachorro frita com Maçã Verde e Madressilva, e espero nunca mais sentir.

Logo conheci os próprios cachorros. Quando eu descia as escadas dos fundos para a lavanderia, fui interceptado por três orgulhosos vira-latas. Dois deles estavam gordos, com ancas largas e olhos embotados; o terceiro era pequeno, magro e maníaco, e rapidamente reconhecível como um tarado – na verdade, ele imediatamente tentou transar com a minha canela. Mary os apresentou a mim e receio que só consiga me lembrar do nome do maior – era Kramer. Na volta da lavanderia, eles me seguiram, e no instante em que entrei no meu estúdio, antes mesmo da porta se fechar, Kramer fez xixi na minha entrada.

Quase toda vez que eu descia à lavanderia, tinha que ziguezaguear entre montículos de fezes e poças de urina e encontrar os cachorros. Às vezes, o trio era reforçado por um novo vira-lata sarnento que os vizinhos de Mary largaram em seu quintal, que parecia servir como um abrigo de cães improvisado. Novos vira-latas vinham e iam embora, mas Kramer, Magricela Tarado (como eu gostava de me referir àquela criaturinha adorável) e o Terceiro estavam sempre presentes.

Eles, como fiquei sabendo, tinham personalidades bem definidas. Kramer era o que tomava as decisões, Magricela Tarado era um magricela tarado e o Terceiro era lento e preguiçoso. Era fácil distingui-los quando eu estava deitado insone na cama e eles executavam seu repertório noturno de latidos e uivos. Toda noite, iniciavam seu recital com uma peça para coro, em geral deslanchada pela passagem de um ônibus, mas depois da meia-noite geralmente se apresentavam em solos, em sequência: Terceiro me mantinha acordado por algumas horas com um ganido constante e preguiçoso; Magricela Tarado era tão entusiástico a respeito de sua excitação às duas da madrugada quanto o era em qualquer outro horário; e Kramer cobria o turno da madrugada, sua voz arrastada e gutural enlouquecendo-me até o amanhecer, quando então eu já estava inclinado a fantasiar sobre crucificação canina, um de cada vez. Uma ou duas vezes, passei parte da noite lembrando-me de Mek e de seus modos tranquilos de setter irlandês – o modo como seus olhos se arregalavam quando meu pai sussurrava algo em seu ouvido ou a maneira como ele colocava a cabeça sobre sua coxa, sem exigir nada.

Kramer, ao contrário, era minha nêmese, o macho alfa da casa. Ele gostava de me informar quem era o chefe cheirando-me com autoridade toda vez que eu passava por ele ou defecando desdenhosamente em minha porta. Mary mencionava um marido de vez em quando, mas toda a correspondência era dirigida a ela, e eu nunca vira ou ouvira nenhum homem nas dependências. Era difícil imaginar alguém – além de Mary e, com a ajuda duvidosa de Maçã Verde e Madressilva, eu – aturando o ar fétido, mas o marido estava, misteriosa e retoricamente, presente. Perguntei-me sobre o marido ausente de Mary no dia em que encontrei a porta da frente de seu apartamento aberta, Chefe Kramer patrulhando o hall de entrada como um vigilante do Arizona. Eu nunca tinha visto o interior do apartamento de Mary. Sempre que eu batia em sua porta para entregar o cheque do aluguel ou fazer uma pergunta, ela apenas entreabria a porta, porque, dizia, não queria deixar os cachorros saírem. Eu estava a caminho de um café com cheiro de café fresco para um turno de escrita, mas a porta aberta me chamou a atenção. Gritei *Mary!* da entrada, relutante em entrar, com receio de que Kramer se lançasse em minha garganta, mas não houve resposta. Pude ver Magricela Tarado espreguiçando-se e bocejando, satisfeito, em cima de uma pilha de roupas sujas no sofá. *Mary!* Visualizei o corpo de Mary parcialmente devorado no chão da cozinha. Cautelosamente, entrei, Kramer junto aos meus calcanhares. À direita, havia um quarto, e, de um travesseiro na cama, o focinho sem graça de um vira-lata desconhecido fitou-me com indiferença. Por todo o apartamento, em cada superfície, inclusive no chão, havia pilhas antigas de roupas, sem terem sido dobradas, cupões e jornais velhos, embalagens de comida e coisas cuja forma e finalidade eram indetermináveis. Um corpo poderia ser escondido em qualquer lugar do apartamento e apodrecer tranquilamente, os cachorros, não obstante, preferindo o cadáver fresco à merda frita. O apartamento de Mary parecia um desses lugares que teriam que ser demolidos depois da morte do proprietário porque constituíam uma ameaça à saúde pública e jamais poderiam ficar limpos.

Aventurei-me apartamento adentro, monitorado de perto pelo soberano Kramer, que parecia acreditar que eu poderia ser facilmente neutralizado se encontrasse alguma coisa comprometedora em seus domínios. Dois gatos sentados no alto dos armários da cozinha olhavam fixamente para uma gaiola com dois passarinhos. O Terceiro refestelava-se no chão da cozinha, onde havia mais porcarias – louça suja e Tupperwares mofados, mais roupas amontoadas e coisas desconhecidas, o fogão enterrado em uma montanha de panelas, a sujeira dos gatos de que eu sentia o cheiro, mas não via. A essa altura, eu tinha incontroláveis ânsias de vômito. Descobri o filão do fedor, mas não havia corpos visíveis e eu não quis investigar mais fundo. Se havia coisas a farejar, eu iria deixar os vizinhos e a polícia tratarem disso. Deixei o apartamento de Mary e segui meu caminho.

Enquanto dirigia para o café, coloquei a fita de Hank Williams e, por uma coincidência tipicamente significativa, a música que começou a tocar chamava-se "Move It on Over" (Chegue pra lá). Eu havia me tornado completamente obcecado com a minha vida canina. Referia-me ao lugar onde morava como *canil*; deixava-me levar por monólogos extasiados, desconcertantes, descrevendo minha vida de cão para meus amigos, que geralmente perguntavam por que eu ainda não tinha mudado – para o que eu não tinha resposta, e ainda não tenho. Eu podia perfeitamente estar sofrendo de um caso grave de euforia do desastre. Frequentemente, usava expressões como *dia de cão, vida de cachorro, quem não tem cão caça com gato, no mato sem cachorro*; procurei no dicionário toda a família de palavras relacionadas a cães: *canicida, canicultura, canino, canídeo, cachorrada* etc. Até encontrei razão de ser no fato de haver uma enorme loja de *cachorros-quentes* perto do canil. Era perfeitamente natural, portanto, que eu pudesse me ver em "Move It on Over", a canção em que Hank volta para casa às dez e meia e descobre que sua mulher o trancou do lado de fora:

Ela trocou a fechadura de nossa porta.
A minha chave não serve mais.

E então ele vai dormir na casa do cachorro e canta *Chegue pra lá, cachorro magricela, o cachorro gordo está entrando*. Eu era um homem como Hank, identificando-me completamente nestes versos:

Esta casa de cachorro que compartilhamos é muito pequena,
Mas é melhor do que nenhuma.

Projetar-se para fora até que tudo esteja se referindo a você é, obviamente, uma forma lisonjeira de autopiedade (como se houvesse algum outro tipo), para o que sempre tive certa inclinação. Eu me sentia tão sozinho que tinha vontade de chorar; fui acometido de uma tristeza profunda; era uma pedra rolante sem amor, apenas mais um sujeito na estrada perdida – povoei muitas das canções de Hank. Mas no dia em que entrei no apartamento de Mary e me deparei com o pesadelo de sua vida, tive um momento de epifania: eu era um perdedor, um homem que estava começando a se convencer de que viver apenas com o que cabia em malas e sufocando em Maçã Verde e Madressilva era liberdade.

Quando retornei para a minha casa de cachorro após um dia ruim de escrita ruim, a porta do apartamento de Mary estava fechada. Eu a ouvi conversando com Kramer e seus amigos, que latiam alegremente. Havia a voz de um homem também, provavelmente o marido. Em cima, vi claramente os estragos que a solidão negligente havia causado na minha vida. A imundície da minha nova solteirice acumulara-se por todo o estúdio: pilhas de roupas, montes de embalagens de comida, papéis velhos e livros com os cantos das páginas dobrados, malas abertas e instáveis torres de CDs; na pia da cozinha, a louça suja com semanas de gordura e crostas; moscas gordas girando como urubus acima da mesa que agora era o lar de um nascente ecossistema; no banheiro, rolos de pelos púbicos nos cantos, o vaso sanitário exibindo um grosso colarinho de sujeira. Eu chegara ao fundo do poço.

O bom é quando se atinge o fundo, o único jeito é subir. Foi enquanto morava no canil que conheci Teri. Eu havia recebido um e-mail pedindo-me para escrever um texto para o que entendi ser um livro de fotos intitulado *Chicago no ano 2000* e, em fevereiro de 2005, fui a uma reunião com Teri, que estava editando o livro. Distraído com a dissolução do meu casamento, eu presumira que Teri fosse um homem, mas quando uma mulher, alta e bonita saiu do escritório e veio ao meu encontro, eu no mesmo instante a reconheci como *a mulher que eu amava*. Durante nossa reunião de trabalho, observei as expressões de seu rosto; vasculhei seu escritório em busca de pistas e informações sobre ela; vi uma perturbadora imagem de ultrassonografia de um feto presa na tela de seu computador, que eu pensei que fosse dela (não, ela disse, de sua irmã); olhei para suas mãos no teclado, enquanto ela me mostrava as fotos que entrariam no livro, para ver se havia uma aliança de casamento. Concordei com tudo que ela queria que eu fizesse; sugeri – astutamente, pensei – que discutíssemos o trabalho durante um almoço ou jantar.

Antes de conhecer Teri, eu pretendia preencher minha recém-adquirida condição de solteiro com uma promiscuidade implacável e insensível. Estava determinado a compensar o tempo que havia perdido sendo fiel a L. Fiz uma revisão de todas as minhas turnês de lançamento de livros e participação em festivais literários, a fim de me lembrar de todas as mulheres que pareceram interessadas em ter uma (curta) aventura sexual comigo. "Lembra-se de mim? Nossos olhos se encontraram há seis anos e depois eu desviei os meus", eu diria. "Mas agora, com a luxúria em meu coração e camisinhas no bolso, eu estou de volta!" O plano foi suspenso indefinidamente porque eu me apaixonei por Teri tão depressa e com tal intensidade que saí do seu escritório tentando imaginar tudo que eu precisava fazer para passar o restante de minha vida com ela. A primeira providência era investir em algumas roupas novas: assim que deixei o prédio de seu escritório, comprei um casaco esportivo, possivelmente muito mais adequado a um jovem e charmoso escritor do que a um mineiro aposentado.

Flertamos por e-mail; ansiosamente expliquei minha situação pós-conjugal para não parecer um crápula; ela me disse que seus avós haviam conhecido Duke Ellington; eu lhe enviei um CD de Rosemary Clooney acompanhada pela orquestra de Duke. Rapidamente escrevi e submeti o texto para *CITY 2000*, intitulado "Razões pelas quais eu não quero deixar Chicago: uma lista aleatória e incompleta". Uma das razões não mencionadas é que agora a cidade estava marcada pela presença de Teri.

Nosso primeiro encontro oficial foi em um lugar de Bucktown chamado Silver Cloud; encontramo-nos à meia-noite, como em um conto de fadas. Em determinado momento, fui ao banheiro e, quando saí, estava tocando "Here Comes Your Man" (Aí vem o seu homem), dos Pixies, no sistema de som. Pavoneando-me descaradamente, caminhei em direção a Teri em meu casaco novo, oferecendo-me para interpretação e comprometimento eterno. Ela me deu uma carona até o canil; eu a beijei. Cada célula viva em meu corpo – e algumas que eu achava que estavam mortas há muito tempo – queria passar a noite com ela, mas eu sabia que, se ela sentisse o cheiro da ração de cachorro frita, se visse os rolos de pelos púbicos no banheiro, se seu pé delicado tocasse no imundo fundo do poço que eu atingira, eu nunca mais a veria. Na manhã seguinte, eu iria passar algumas semanas em Sarajevo e já sentia a falta dela, mas não a convidei para subir ao meu quarto.

Foi a decisão mais sábia da minha vida. Em poucas semanas, eu estava morando com Teri em seu apartamento na Ukrainian Village. Teri tinha um cachorro chamado Wolfie, que ela nunca, jamais deixava subir em sua cama. Dentro de um ano, estávamos noivos. Dentro de mais um, estávamos casados.

O AQUÁRIO

■ ■ ■

Em 15 de julho de 2010, minha mulher, Teri, e eu levamos nossa filha mais nova, Isabel, para seu check-up médico regular. Ela estava com 9 meses e parecia perfeitamente saudável. Seus primeiros dentinhos haviam despontado e ela agora comia regularmente conosco à mesa de jantar, balbuciando e enfiando sozinha cereais de arroz na boca. Uma criança alegre, bem-humorada, que tinha carinho e apego pelas pessoas, algo que não havia, segundo as piadas correntes, herdado de seu pai mal-humorado de nascença.

Teri e eu sempre íamos juntos a todas as consultas médicas de nossas filhas e dessa vez também levamos Ella, a irmã mais velha de Isabel, que tinha quase 3 anos. A enfermeira no consultório do dr. Gonzalzles mediu a temperatura de Isabel e verificou seu peso, altura e circunferência da cabeça, e Ella ficou feliz de não ter que se submeter ao mesmo suplício. O dr. G. – como o chamávamos – ouviu a respiração de Isabel, examinou seus olhos e ouvidos. Em seu computador, ele puxou o gráfico de desenvolvimento de Isabel: sua altura estava dentro da faixa esperada; estava um pouco abaixo do peso. Tudo parecia bem, exceto pela circunferência de sua cabeça, que estava dois desvios padrão acima da média. O dr. G. ficou preocupado. Relutante em enviar Isabel para uma ressonância magnética, ele marcou um ultrassom para o dia seguinte.

De volta a casa, Isabel mostrou-se agitada e irritada; tinha dificuldade em adormecer e continuar dormindo. Se não tivéssemos ido ao dr. G., teríamos achado que ela simplesmente estava cansada, mas agora tínhamos uma estrutura interpretativa diferente, baseada no medo. Mais tarde naquela noite, tirei Isabel de nosso quarto (ela sempre dormia conosco) para acalmá-la. Na cozinha, cantei para ela todo o meu repertório de canções de ninar: "You Are My Sunshine"; "Twinkle, Twinkle, Little Star"; e uma canção de Mozart que eu aprendera quando criança e cuja letra em bósnio eu milagrosamente me lembrava. Revezar incessantemente as três canções geralmente funcionava, mas dessa vez levou algum tempo antes de Isabel descansar a cabeça em meu peito e sossegar. Parecia que ela estava tentando me confortar, dizendo-me de algum modo que tudo iria dar certo. Mesmo preocupado como estava, imaginei um futuro em que um dia eu me lembraria desse momento e contaria a alguém – à própria Isabel, talvez – como fora ela quem me acalmara. Minha filha, diria, cuidou de mim, e tinha apenas 9 meses de vida.

Na manhã seguinte, Isabel foi submetida a um ultrassom da cabeça, chorando nos braços de Teri durante todo o tempo. Pouco depois de chegarmos de volta a casa, o dr. G. telefonou e nos disse que o ultrassom revelara que Isabel estava com hidrocefalia e que precisávamos ir a um hospital imediatamente – era uma situação de vida ou morte.

A sala de exames da emergência no Children's Memorial Hospital de Chicago foi mantida às escuras, já que Isabel faria uma tomografia computadorizada e os médicos esperavam que ela adormecesse sozinha e eles não precisassem drogá-la. Mas ela não pôde comer, porque havia a possibilidade de uma subsequente ressonância magnética, e ela não parava de chorar de fome. Um residente deu-lhe um cata-vento colorido e nós o soprávamos para distraí-la. Nas trevas aterrorizantes das possibilidades, aguardávamos os acontecimentos, apavorados demais para imaginar o que poderia ser.

O dr. Tomita, chefe da neurocirurgia pediátrica, nos explicou os resultados da tomografia computadorizada: os ventrículos de Isabel estavam aumentados, cheios de fluido. Algo estava bloqueando os canais de drenagem, disse o dr. Tomita, provavelmente um "nódulo". Era preciso fazer uma ressonância magnética com urgência.

Teri segurou Isabel nos braços enquanto a anestesia era administrada; sua cabeça quase no mesmo instante caiu pesadamente no peito de Teri. Nós a entregamos às enfermeiras para o exame, que demorou uma hora; era a primeira vez que a entregávamos a completos estranhos e nos afastamos angustiados. A lanchonete no subsolo do hospital era o lugar mais triste do mundo – e para sempre será – com suas frias luzes de neon, mesas cinzentas e o mau presságio difuso daqueles que se afastavam de crianças em sofrimento para comer um sanduíche de queijo quente. Não ousávamos especular sobre o resultado da ressonância magnética; suspendemos nossa imaginação, ancorados ao momento, o qual, por mais terrível que fosse, ainda não se estendera a um futuro.

Chamados à sala de imagens, esbarramos no dr. Tomita no corredor profusamente iluminado. "Acreditamos", ele disse, "que Isabel tenha um tumor." Ele nos mostrou as imagens da ressonância magnética no computador: bem no centro do cérebro de Isabel, alojado entre o cerebelo, o tronco cerebral e o hipotálamo, havia *algo* redondo. Era do tamanho de uma bola de golfe, o dr. Tomita disse, mas eu nunca gostara de golfe e não conseguia imaginar o que ele estava dizendo. Ele iria retirar o tumor e só descobriríamos de que tipo era após o relatório da patologia. "Mas parece um teratoide", ele disse. Eu também não conseguia compreender a palavra "teratoide" – estava fora da minha linguagem e experiência, pertencendo ao domínio do inimaginável e incompreensível, o domínio para o qual o dr. Tomita nos conduzia.

Isabel estava adormecida na sala de recuperação, imóvel, inocente; Teri e eu beijamos suas mãos e sua testa. Em cerca de 24 horas, nossa existência fora terrível e irreversivelmente transformada. Na cabeceira de Isabel, choramos naquele momento que dividia nossa vida entre *antes* e *depois*, segundo o qual o *antes* estava para sempre banido, enquanto o *depois* se espalhava, como a explosão de uma estrela em um escuro universo de dor.

Ainda incerto quanto à palavra proferida pelo dr. Tomita, procurei tumores cerebrais na internet e encontrei a imagem de um tumor quase idêntico ao que havia no cérebro de Isabel. Reconheci o desgraçado ao vê-lo, compreendendo a palavra "teratoide" instantaneamente. O nome completo era, como li, "tumor teratoide rabdoide atípico (TTRA). Era agressivamente maligno e extraordinariamente raro, uma excrescência ocorrendo apenas em 3 de 1 milhão de crianças, representando 3 por cento dos cânceres pediátricos do sistema nervoso central. A taxa de sobrevivência para crianças de menos de 3 anos era de menos de 10 por cento. Havia mais estatísticas desanimadoras disponíveis para eu considerar, mas afastei-me da tela, decidindo confiar e conversar apenas com os médicos de Isabel – nunca mais eu iria pesquisar sua situação na internet. Tive dificuldade em explicar a Teri o que eu lera, porque eu queria protegê-la de todas as terríveis possibilidades. Eu já compreendia que era necessário administrar nosso conhecimento e imaginação para não enlouquecermos.

No sábado, 17 de julho, o dr. Tomita e sua equipe de neurocirurgiões implantou um Ommaya reservoir na cabeça de Isabel, para ajudar a drenar e aliviar a pressão do líquido cefalorraquidiano acumulado. Quando ela retornou ao seu leito no andar de neurocirurgia, Isabel chutava seu cobertor, como estava acostumada a fazer; tomamos isso como um sinal encorajador, um primeiro passo esperançoso em uma longa jornada. Na segunda-feira, ela foi liberada do hospital para esperar em casa a cirurgia de retirada do tumor, programada para o final da semana. Fomos para casa, esperar.

Os pais de Teri estavam na cidade, porque a irmã dela dera à luz seu segundo filho no dia do check-up de Isabel – estávamos tão ocupados com a doença de Isabel que nem prestamos atenção à chegada do novo membro na família – e Ella passou o fim de semana com seus avós, mal notando a confusão e nossa correspondente ausência. Naquela tarde ensolarada de terça-feira, saímos todos para um passeio a pé, Isabel presa ao peito de Teri com uma faixa. Na mesma noite, corremos para a emergência porque Isabel desenvolveu uma febre que sugeria uma infecção, não incomum depois da inserção de um objeto estranho – no caso, o Ommaya – na cabeça de uma criança.

Ela tomou antibióticos para a infecção e passou por um ou dois exames; o Ommaya foi removido. Na tarde de quarta-feira, voltei do hospital para casa para ficar com Ella, já que havíamos prometido que a levaríamos ao mercado do produtor de nosso bairro – cumprir promessas era essencial na catástrofe em andamento. Compramos mirtilos e pêssegos; no caminho de volta para casa, paramos para comprar alguns *cannoli* de primeira linha em nossa confeitaria preferida. Conversei com Ella sobre o fato de Isabel estar doente, sobre seu tumor, e lhe disse que ela precisaria ficar com a vovó naquela noite. Ela não reclamou, nem chorou, tão capaz quanto qualquer criança de 3 anos de compreender a dificuldade de nossa aflitiva situação.

Quando eu caminhava para o carro, os *cannoli* na mão, para voltar ao hospital, Teri me telefonou, pedindo-me que fosse para lá o mais rápido possível. O tumor de Isabel estava sofrendo uma hemorragia; seria necessária uma cirurgia de emergência. O dr. Tomita estava aguardando para conversar comigo antes de entrar com Isabel na sala de operações. Levei cerca de 15 minutos para chegar ao hospital, através de um tráfego que existia de um modo inteiramente diferente no tempo e no espaço, onde as pessoas não corriam ao atravessar as ruas e a vida de nenhum bebê estava em perigo, onde tudo se afastava preguiçosamente do desastre.

No quarto do hospital, a caixa de *cannoli* ainda na mão, vi Teri chorando sobre Isabel, que estava mortalmente pálida. O dr. Tomita estava lá, as imagens na tela já mostrando a hemorragia na cabeça de nossa filha. Parece que à medida que o líquido cefalorraquidiano drenava, o tumor se expandiu pelo espaço desocupado e seus vasos sanguíneos começaram a romper. A única esperança era a remoção imediata do tumor, mas havia um risco muito grande de Isabel sangrar até a morte. Uma criança de sua idade não tem mais do que meio litro de sangue em seu corpo, o dr. Tomita nos disse, e uma transfusão de sangue contínua poderia não ser suficiente.

Antes de seguirmos Isabel até o pré-operatório, coloquei os *cannoli* na geladeira em nosso quarto. A egoísta lucidez desse ato produziu uma imediata sensação de culpa. Somente mais tarde eu compreenderia o ato absurdo como relacionado a uma forma de desatinada esperança: os *cannoli* poderiam ser necessários para nossa futura sobrevivência.

A cirurgia deveria durar de quatro a seis horas; o assistente do dr. Tomita nos manteria informados. Beijamos a testa branca como papel de Isabel e ficamos vendo-a ser levada na maca rumo ao desconhecido por uma gangue de estranhos mascarados. Teri e eu retornamos ao quarto para esperar e ver se nossa filha sobreviveria. Alternadamente, chorávamos e ficávamos em silêncio, sempre abraçados. O assistente nos chamou depois de duas horas e disse que Isabel estava indo bem. Compartilhamos alguns *cannoli*, não para comemorar, mas para nos mantermos em pé – havíamos comido e dormido muito pouco. As luzes no quarto eram esmaecidas; estávamos em uma cama atrás de uma cortina; por algum motivo, ninguém nos incomodou. Estávamos muito distantes do mundo onde havia mercados do produtor e mirtilos, onde as enfermeiras trocavam de turno e mexericavam, onde outras crianças nasciam e viviam, onde avós colocavam a neta na cama. Eu nunca me sentira tão próximo a outro ser humano como me senti em relação à minha mulher naquela noite – amor transcendental seria uma maneira simples de descrever o que eu sentia.

Pouco depois da meia-noite, o assistente veio nos dizer que Isabel sobrevivera à cirurgia. Nós nos encontramos com o dr. Tomita do lado de fora da sala de espera, em que outros infelizes pais dormiam em sofás desconfortáveis, enroscados em seus pesadelos. O dr. Tomita achava que tinha removido a maior parte do tumor; por sorte, o tumor não arrebentara, de modo que o sangue não inundou o cérebro, o que teria sido letal. Isabel resistira bem e logo seria transferida para a Unidade de Terapia Intensiva, ele disse, onde poderíamos vê-la. Lembro-me desse momento como de uma relativa felicidade: Isabel estava viva. Somente o resultado iminente era relevante; tudo que podíamos esperar era atingir o próximo passo, qualquer que fosse. O futuro estava estancado; não podia haver vida além do fato de Isabel estar viva *agora*.

Na UTI, nós a encontramos enrolada em um emaranhado de tubos IV e fios de monitores, paralisada por rocurônio (chamado de "rock" por todos ali), que lhe fora administrado para impedir que ela arrancasse os tubos. Passamos a noite observando-a, beijando os dedos de sua mãozinha inerte, lendo ou cantando para ela. No dia seguinte, instalei um iPod e toquei música, não só em uma crença ilusória deliberada de que a música é boa para um cérebro dolorido, em recuperação, como também para abafar o deprimente barulho de hospital: o bipe dos monitores, o chiado dos aparelhos respiratórios, a tagarelice indiferente das enfermeiras no corredor, a sirene que disparava sempre que a situação de um paciente piorava. Ao acompanhamento de concertos de Bach para violoncelo e peças para piano de Charlie Mingus, meu coração registrou cada queda na frequência cardíaca de Isabel, cada mudança em sua pressão sanguínea. Eu não conseguia tirar os olhos dos números cruelmente flutuantes nos monitores, como se o fato de olhar fixamente pudesse influenciar o resultado. Tudo que podíamos fazer era esperar.

Há um mecanismo psicológico, como passei a acreditar, que impede a maioria de nós de imaginar o momento de nossa própria morte. Pois se fosse possível imaginar por completo aquele instante de passagem do estado consciente para a inexistência, com todo o acompanhante medo e humilhação da impotência absoluta, seria muito difícil viver, como seria insuportavelmente óbvio que a morte está embutida em tudo que constitui vida, que cada momento de sua existência pode ser o último. Estaríamos continuamente devastados pela magnitude desse momento inevitável, de modo que nossas mentes sabiamente se recusam a considerá-lo. Ainda assim, à medida que amadurecemos em direção à mortalidade, cautelosamente mergulhamos as pontas dos dedos dos pés, horrorizados, no vazio, esperando que a mente de alguma forma aceite a morte, que Deus ou algum outro ópio tranquilizante permaneça disponível enquanto nos aventuramos cada vez mais fundo nas trevas da não existência.

Mas como é possível aceitar a morte de um filho? Para começar, ela deve ocorrer muito depois de sua própria dissolução em nada. Seus filhos devem sobreviver a você por várias décadas, no curso das quais viveriam suas vidas, alegremente isentas do fardo de sua presença, finalmente completando a mesma trajetória mortal de seus pais: esquecimento, negação, medo, o fim. Supõe-se que eles tenham que lidar com sua própria mortalidade e nenhuma ajuda a esse respeito (além de forçá-los a confrontar a morte com sua própria morte) poderia vir de você – a morte não é um projeto de ciências. E ainda que você pudesse imaginar a morte de seu filho, por que o faria?

Mas eu havia sido amaldiçoado com uma imaginação compulsivamente catastrófica e muitas vezes involuntariamente imaginara o pior. Eu costumava visualizar ser atropelado por um carro sempre que atravessava uma rua, uma visão completa, com as camadas de sujeira no eixo do carro conforme a roda esmagava meu crânio. Ou, preso no metrô com todas as luzes apagadas, eu visualizava uma onda de fogo avançando pelo túnel em direção ao trem. Somente depois que conheci Teri é que consegui manter minha atormentada imaginação sob controle. E depois que nossas filhas nasceram, aprendi a apagar rapidamente as visões de algo horrível acontecendo a elas. Algumas semanas antes do câncer de Isabel ser diagnosticado, eu notara que sua cabeça estava grande e um pouco assimétrica, e uma pergunta surgiu em minha mente: "E se ela tiver um tumor cerebral?" Mas antes de minha mente fugir com todas as possibilidades assustadoras, eu me convenci a desconsiderá-las. Ela parecia estar perfeitamente saudável. Ainda que você pudesse imaginar a grave doença de seu filho, por que o faria?

Dois dias após a primeira cirurgia de Isabel, uma ressonância magnética mostrou que ainda restava um pedaço do tumor em seu cérebro. Quanto mais do tumor fosse removido, melhor seria seu prognóstico de sobrevivência, de modo que Isabel teve que ser submetida a outra cirurgia, depois do que retornou à UTI. Então, depois que ela foi transferida da UTI para a neurocirurgia, seu líquido cefalorraquidiano continuou a não drenar: um dreno ventricular externo foi inserido, enquanto uma passagem em seu cérebro era cirurgicamente aberta para drenagem. Ela voltou a ter febre. O dreno externo foi removido; seus ventrículos aumentaram e se encheram de líquido outra vez, a ponto de colocarem sua vida em risco; a pressão arterial caía. Passando novamente por outra ressonância magnética de emergência, de barriga para cima no túnel do aparelho, ela quase se asfixiou, o vômito borbulhando de sua boca. Finalmente, uma derivação foi implantada cirurgicamente, permitindo que o líquido drenasse diretamente para o estômago. Em menos de três semanas, Isabel fora submetida a duas ressecções – razão pela qual seus hemisférios cerebrais tiveram que ser separados para que o dr. Tomita tivesse acesso à região entre o tronco cerebral, a glândula pineal e o cerebelo, e pudesse retirar o tumor – com seis cirurgias adicionais para cuidar do fracasso da drenagem do líquido cefalorraquidiano. Um tubo fora inserido em seu peito para administrar drogas quimioterápicas diretamente na corrente sanguínea. Para culminar, um tumor inoperável do tamanho de um amendoim foi detectado no lóbulo frontal, enquanto o relatório da patologia confirmava que o câncer era realmente um tumor teratoide rabdoide atípico. A quimioterapia foi programada para começar em 17 de agosto, um mês após o diagnóstico, e seus oncologistas, dr. Fangusaro e dr. Lulla, não quiseram discutir seu prognóstico. Não tivemos coragem de pressioná-los.

Durante as primeiras semanas depois do diagnóstico de Isabel, nós não comíamos nem dormíamos muito. A maior parte do tempo, Teri e eu estávamos no hospital, ao lado de Isabel. Procurávamos passar algum tempo com Ella, que não podia entrar na UTI, mas podia visitar Isabel na enfermaria da neurocirurgia, onde fazia Isabel sorrir sempre que estavam juntas. Ella parecia estar lidando muito bem com a catástrofe. Familiares e bons amigos passavam pela casa, dando seu apoio, distraindo Ella, ajudando-nos a cobrir nossa contínua ausência. Quando conversávamos com Ella sobre a doença de Isabel, ela ouvia, os olhos arregalados, preocupada e perplexa.

Foi nas primeiras semanas de nossa provação que Ella começou a falar de seu irmão imaginário. De repente, em um ataque de palavras, discerníamos histórias sobre um irmão que às vezes era um ano mais velho, às vezes estava no colégio, e que de vez em quando viajava, por alguma razão obscura, a Seattle ou à Califórnia, retornando a Chicago para tomar parte em mais um monólogo aventureiro de Ella.

Não é incomum, é claro, que crianças da idade de Ella tenham amigos ou irmãos imaginários. A criação de um personagem imaginário está relacionada, acredito, à explosão da recém-adquirida capacidade linguística da criança que ocorre entre as idades de 2 e 4 anos, e rapidamente cria um excesso de linguagem para o qual ela pode não ter experiência compatível suficiente. A criança precisa construir narrativas imaginárias para experimentar as palavras que repentinamente possui. Ella agora conhecia a palavra *Califórnia*, mas não tinha nenhuma experiência relacionada a ela, nem poderia conceituá-la em seu aspecto abstrato, em sua *californidade*. Em consequência, seu irmão imaginário tinha que estar localizado no estado ensolarado, o que permitia a Ella conversar extensivamente como se ela conhecesse a Califórnia – as palavras adquiridas exigiam a história, a linguagem necessitava de um cenário fabricado. Ao mesmo tempo, o repentino aumento da linguagem nessa idade cria uma distinção entre a exterioridade e a interioridade; a interioridade da criança agora pode ser expressa e assim pode ser externalizada; o mundo duplica de tamanho. Ella agora podia conversar sobre o que havia aqui e sobre o que havia em alguma outra parte; a linguagem tornava *aqui* e *outro lugar* contínuo e simultâneo. Certa vez, à mesa de jantar, perguntei a Ella o que seu irmão estava fazendo naquele exato instante. Ele estava no quarto dela, disse prosaicamente, fazendo birra.

No começo, seu irmão não tinha nome, muito menos um aspecto físico. Quando perguntada qual era seu nome, ela respondia: "Gugu-gaga", que era o som sem sentido que Malcolm, nosso sobrinho de 5 anos e primo favorito, usava quando não sabia a palavra para alguma coisa. Como Charlie Mingus é praticamente uma divindade em nossa casa, sugerimos a Ella o nome "Mingus", e assim seu irmão se tornou Mingus. Pouco tempo depois, Malcolm lhe deu um boneco inflável de um alienígena, com que Ella logo resolveu dar corpo ao Mingus existencialmente evasivo. Apesar de Ella frequentemente brincar com seu irmão inflado, a presença física do alienígena nem sempre era necessária para ela emitir ordens pseudoparentais a Mingus ou contar uma história de suas escapadas. Enquanto nosso mundo estava sendo reduzido ao tamanho claustrofóbico do terror permanente, o mundo de Ella se expandia.

O tumor teratoide rabdoide atípico é tão raro que existem poucos protocolos de quimioterapia especificamente projetados para isso, já que é muito difícil reunir um grupo bastante grande de crianças afetadas para uma experimentação clínica. Muitos dos protocolos disponíveis são derivados de tratamentos para meduloblastomas e outros tumores cerebrais, modificados com toxicidade aumentada para deter a malignidade cruel do TTRA. Alguns desses protocolos envolviam tratamento radioterápico concentrado, mas teriam afetado significativa e nocivamente o desenvolvimento de uma criança da idade de Isabel. O protocolo pelo qual os oncologistas de Isabel se decidiram era de toxicidade extremamente alta, consistindo de seis ciclos de quimioterapia, o último sendo o mais intenso. Tanto, na realidade, que as próprias células sanguíneas imaturas de Isabel, extraídas anteriormente, teriam que ser reinjetadas após o último ciclo, em um processo chamado recuperação das células-tronco, para ajudar a depauperada medula óssea a se recuperar.

Durante toda a quimioterapia, ela também teria que receber transfusões de plaquetas e hemácias, enquanto a contagem de seus leucócitos precisaria se recuperar por conta própria a cada vez. Seu sistema imunológico seria temporariamente destruído e, tão logo se recuperasse, outro ciclo de quimioterapia seria iniciado. Por causa de suas extensas cirurgias cerebrais, ela não conseguia mais se sentar ou ficar em pé, e teria que ser submetida a fisioterapia e terapia ocupacional, entre as sessões de quimioterapia. Em algum momento de um futuro incerto, foi sugerido, ela poderia ser capaz de retornar ao estágio de desenvolvimento esperado para sua idade.

Quando seu primeiro ciclo de quimioterapia começou, Isabel tinha 10 meses de vida e pesava menos de oito quilos. Nos bons dias, ela sorria heroicamente, mais do que qualquer outra criança que eu tenha conhecido, ou que jamais conhecerei. Apesar de poucos, os bons dias nos permitiam projetar algum tipo de futuro para Isabel e nossa família: programamos suas sessões de fisioterapia e terapia ocupacional; informamos aos nossos amigos e famílias os melhores dias para visitas; fizemos anotações no calendário para as próximas duas semanas. Mas o futuro era tão precário quanto a saúde de Isabel, estendendo-se somente até o próximo estágio razoavelmente alcançável: o fim do ciclo de quimioterapia; a recuperação da contagem de seus leucócitos; os poucos dias antes do ciclo seguinte, quando Isabel estivesse nas melhores condições possíveis para aquelas circunstâncias. Eu impedia minha imaginação de evocar qualquer coisa além disso, recusando-me a considerar qualquer dos dois possíveis resultados de sua doença. Se eu me via segurando sua mãozinha enquanto ela falecia, eu apagava a visão, geralmente assustando Teri ao repetir em voz alta para mim mesmo: "Não! Não! Não! Não!" Também bloqueei a imaginação do outro resultado – sua bem-sucedida sobrevivência – porque, há algum tempo, eu passara a acreditar que qualquer coisa que quisesse que acontecesse não iria acontecer exatamente porque eu queria que acontecesse. Assim, desenvolvi uma estratégia mental baseada em eliminar qualquer desejo de bons resultados, como se a minha vontade fosse de me expor às forças hostis, malignas, que constituem este universo implacável e que vingativamente afetariam o exato oposto do que eu desejava. Eu não ousava imaginar a sobrevivência de Isabel, porque achava que isso daria azar.

Pouco depois do início do primeiro ciclo de quimioterapia de Isabel, uma amiga bem-intencionada me telefonou e a primeira coisa que perguntou foi: "Então, as coisas se acomodaram em alguma espécie de rotina?" A quimioterapia de Isabel havia, de fato, oferecido um padrão aparentemente previsível. Os ciclos de quimioterapia tinham uma estrutura repetitiva inerente: as drogas programadas eram administradas na mesma ordem; as reações esperadas: vômito, perda de apetite, colapso do sistema imunológico; a NPT (nutrição parenteral total) intravenosa, porque ela era incapaz de se alimentar; os remédios contra náuseas, contra fungos e os antibióticos administrados a intervalos regulares; as transfusões esperadas; algumas visitas à emergência devido à febre; a recuperação gradual medida por contagens sanguíneas crescentes; alguns dias lúcidos em casa. Então, de volta ao hospital para um novo ciclo.

Se Isabel e Teri, que raramente saía de seu lado, estivessem no hospital para a quimioterapia, eu passava a noite em casa com Ella, a deixava na escola na manhã seguinte, depois levava o café da manhã para minha mulher e, enquanto ela tomava um banho, eu cantava ou brincava com minha filha. Eu limpava o vômito de Isabel ou trocava suas fraldas, guardando-os para a enfermeira, a fim de serem pesados. Em um jargão pseudoespecializado, Teri e eu discutíamos a noite anterior, o que era esperado naquele dia; aguardávamos os turnos para podermos fazer nossas perguntas difíceis.

A percepção humana de conforto depende de ações familiares, repetitivas – nosso corpo e mente lutam para se acostumar a circunstâncias previsíveis. Mas nenhuma rotina duradoura podia ser estabelecida para Isabel. Toda doença como TTRA causa uma quebra de todas as rotinas familiares, emocionais e biológicas, onde nada acontece do jeito que você espera, muito menos deseja. Um ou dois dias depois do início de sua NPT, enquanto estávamos em casa, Isabel inesperadamente teve um choque anafilático, inchando rapidamente e tendo dificuldade em respirar, e nós a levamos às pressas para a emergência. Além dos repentinos eventos catastróficos, havia o inferno diário: suas tosses quase nunca cessavam, o que geralmente levava ao vômito; ela apresentava erupções na pele e tinha constipação; sentia-se fraca e agitada; ao menor sinal de febre, corríamos para a emergência; nunca podíamos lhe dizer que tudo melhoraria. Ninguém poderia se acostumar a esse quadro, por mais que se repetisse. O conforto de rotinas pertencia ao mundo lá fora.

Certo dia, assim que amanheceu, dirigindo para o hospital, vi um grupo de corredores fisicamente aptos, energéticos ao longo da Fullerton Avenue em direção à margem ensolarada do lago, e tive a sensação intensamente física de estar dentro de um aquário: eu podia ver o que se passava do lado de fora, as pessoas podiam me ver ali dentro (se prestassem atenção), mas morávamos e respirávamos em ambientes inteiramente distintos. A doença de Isabel e nossa experiência tinham pouca conexão e até menos impacto no mundo exterior. Teri e eu estávamos adquirindo um conhecimento indesejado, desalentador, que não tinha absolutamente nenhuma aplicação no mundo exterior e não interessava a ninguém lá – os corredores prosseguiam insensivelmente para uma condição física melhor; as pessoas compraziam-se na banalidade estável da vida rotineira; o cavalo do torturador continuava a coçar seu traseiro inocente em uma árvore.

O tumor de Isabel tornou tudo em nossa vida intensa e profundamente real. Tudo do lado de fora não era tanto irreal quanto desprovido de substância compreensível. Quando as pessoas que não sabiam da doença de Isabel me perguntavam quais as novidades e eu lhes contava, eu testemunhava seu rápido recuo para o horizonte distante de suas próprias vidas, onde o que importava eram coisas inteiramente diferentes. Depois de dizer ao meu contador que Isabel estava gravemente doente, ele disse: "Mas você parece bem, e isso é o mais importante!" A continuação do mundo navegando calmamente dependia da linguagem de chavões e clichês funcionais que não tinham a menor lógica ou conexão conceitual com nossa catástrofe.

Eu tinha muita dificuldade em conversar com simpatizantes que vinham desejar boa sorte e mais dificuldade ainda em ouvi-los. Eram bondosos e solidários, e Teri e eu aturávamos sua tagarelice sem rancor, já que eles simplesmente não sabiam o que mais poderiam dizer. Eles se protegiam daquilo que estávamos atravessando limitando-se ao controlável domínio da linguagem vazia, desgastada. Mas ficávamos muito mais à vontade com as pessoas suficientemente sábias para não se aventurarem em solidariedade verbal e nossos amigos mais chegados sabiam disso. Preferíamos conversar com o dr. Lulla ou com o dr. Fangusaro, que podiam nos ajudar a compreender coisas que realmente importavam, a ouvir alguém dizer "aguente firme". (Ao que eu respondia: "Não há outra coisa a fazer.") E ficávamos longe de qualquer um que, temíamos, pudesse nos oferecer o consolo daquele supremo lugar-comum: Deus. O capelão do hospital foi proibido de se aproximar de nós.

Um dos chavões mais comuns que ouvimos foi "não tenho palavras". Mas Teri e eu não estávamos de modo algum sem palavras. Não era verdade que não houvesse nenhuma maneira de descrever nossa experiência. Teri e eu tínhamos toda a linguagem necessária para conversarmos sobre o horror do que estava acontecendo, e de fato conversávamos. As palavras do dr. Fangusaro e do dr. Lulla, sempre dolorosamente pertinentes, também não faltavam. Se ocorria um problema de comunicação era porque havia palavras demais; eram difíceis demais e específicas demais para serem infligidas sobre outras pessoas. (Vejam as drogas da quimioterapia de Isabel: vincristina, metotrexato, etoposide, ciclofosfamida, cisplatina – criaturas de uma demonologia particularmente maligna.) Se havia alguma coisa falhando era a funcionalidade da linguagem banal, rotineira – os reconfortantes clichês já não se aplicavam mais e eram perfeitamente inúteis. Nós instintivamente protegíamos as outras pessoas do conhecimento que tínhamos; deixávamos que pensassem que as palavras nos faltavam, porque sabíamos que elas não queriam se familiarizar com o vocabulário que usávamos diariamente. Tínhamos certeza de que elas não queriam saber o que sabíamos; nós também preferíamos não saber.

Não havia mais ninguém do lado de dentro conosco (e nós certamente não desejávamos que os filhos de ninguém tivessem TTRA para que pudéssemos conversar com eles sobre isso). No "Guia de recursos para pais de crianças com tumores cerebrais ou da medula espinhal" que haviam nos dado para nos ajudar a lidar com o tumor cerebral de nossa filha, TTRA não era "discutido com detalhes" porque era raro demais; na verdade, fora completamente suprimido. Não podíamos nos comunicar nem dentro do pequeno grupo de famílias com filhos afligidos por câncer. As paredes do aquário em que estávamos eram feitas de palavras de outras pessoas.

Enquanto isso, Mingus permitia que Ella praticasse e expandisse sua linguagem, enquanto lhe proporcionava companhia e consolo, o que Teri e eu mal conseguíamos proporcionar. Nas manhãs em que eu a levava para a escola, Ella apresentava histórias continuadas de Mingus, as tramas recônditas profundamente entranhadas em sua torrente verbal. De vez em quando, nós a víamos brincar com Mingus – o alienígena ou o Mingus inteiramente imaginário – administrando remédios imaginários ou medindo a sua temperatura, usando o vocabulário que apreendera em suas visitas ao hospital ou da nossa conversa sobre a doença de Isabel. Ela nos contava que Mingus tinha um tumor, estava fazendo exames, mas iria ficar bem dentro de duas semanas. Certa vez, Mingus teve até uma irmãzinha chamada Isabel – inteiramente distinta da irmãzinha de Ella –, que também tinha um tumor e também iria melhorar em duas semanas. (Duas semanas, reconheci, era mais ou menos a extensão do futuro que Teri e eu conseguíamos conceber na época.) Qualquer que fosse o conhecimento acidental da doença de Isabel que Ella estivesse acumulando, quaisquer que fossem as palavras que ela estivesse aprendendo ao participar de nossa experiência, ela estava processando através de seu irmão imaginário. Obviamente sentia falta de sua irmã, de modo que Mingus também lhe dava certo consolo em relação a isso. Ela ansiava para que voltássemos a nos reunir como uma família, sendo por isso, talvez, que um dia Mingus adquiriu seus próprios pais e mudou-se com eles para uma casa logo depois da esquina, apenas para retornar para nós no dia seguinte. Ela exteriorizava seus sentimentos complicados atribuindo-os a Mingus, que então agia segundo eles.

Certo dia, no café da manhã, enquanto Ella comia sua aveia e tagarelava confusamente a respeito de seu irmão, reconheci em um lampejo desalentador que ela estava fazendo exatamente o que eu andara fazendo como escritor todos esses anos: em meus livros, os personagens de ficção permitiam que eu entendesse o que era difícil para minha compreensão (o que, até agora, tem sido quase tudo). Como Ella, eu me vi com um excesso de palavras cuja riqueza excedia de longe os limites patéticos de minha biografia. Eu precisara de espaço narrativo para me estender nele; eu precisara de mais vidas; eu, também, precisara de outro par de pais e outra pessoa que não eu mesmo para bombardear com meus acessos metafísicos de birra. Eu inventara esses avatares na sopa do meu eu sempre em mutação, mas eles não eram eu – eles faziam o que eu não fazia ou não podia fazer. Ouvindo Ella desenrolar, de maneira furiosa e interminável, os novelos das histórias de Mingus, compreendi que a necessidade de contar histórias estava profundamente embutida em nossas mentes, e inseparavelmente emaranhada aos mecanismos que geram e absorvem linguagem. Imaginação narrativa – e portanto ficção – é uma ferramenta evolutiva básica de sobrevivência. Processamos o mundo contando histórias, produzimos conhecimento humano por meio de nosso compromisso com nossos eus imaginados.

No entanto, qualquer que tenha sido o conhecimento que adquiri em minha carreira mediana de escritor de ficção, não teve nenhum valor dentro de nosso aquário de TTRA. Eu não podia escrever uma história que me ajudasse a compreender o que estava acontecendo. A doença de Isabel ultrapassou qualquer tipo de envolvimento imaginativo de minha parte. Tudo com que me importava era com a dura realidade da respiração de Isabel em meu peito, a concretude de vê-la resvalar para o sono enquanto eu cantava minhas três canções de ninar. Eu não queria ou não ousava imaginar qualquer coisa além de seus sorrisos e risada, além de sua vida atualmente torturante, mas ainda assim linda.

Isabel recebeu a última droga (cisplatina) de seu terceiro ciclo em uma tarde de domingo em outubro. Esperávamos que ela pudesse ir para casa na segunda-feira de manhã, ao menos por alguns dias. Ella foi vê-la naquela mesma tarde e, como sempre, a fez rir fingindo agarrar pedacinhos de suas bochechas e comê-los. Depois que Ella saiu, Isabel começou a ficar agitada no meu peito. Reconheci um padrão em sua inquietação: observando o ponteiro dos segundos no grande relógio do quarto, percebi que ela se contorcia e choramingava a cada 30 segundos mais ou menos. Teri chamou a enfermeira, que conversou com o oncologista de plantão, que conversou com o neurologista, que conversou com alguém mais. Acharam que ela estava tendo microconvulsões, mas não era claro por que isso estava acontecendo. Então, ela entrou em uma convulsão completa: enrijeceu-se, os olhos reviraram, a boca espumava enquanto ela continuava a se contorcer. Teri e eu seguramos suas mãos e conversamos com ela, mas ela não tinha consciência da nossa presença. Com urgência, ela foi transferida para a UTI.

Os nomes de todas as drogas que ela recebeu e de todos os procedimentos a que foi submetida na UTI são obscuros para mim agora, como a maior parte daquela noite – o que é difícil de imaginar é difícil de lembrar. Os níveis de sódio de Isabel haviam despencado, o que causara a convulsão; o que quer que tenham feito a ela, parou a convulsão. Por fim, tubos de respiração foram inseridos e o "rock" foi administrado outra vez. Isabel iria ficar na UTI até os níveis de sódio se estabilizarem.

Mas isso nunca aconteceu. Embora ela tenha saído do "rock" e os tubos de respiração tenham sido retirados uns dois dias depois, era necessário dar-lhe uma solução de sódio constantemente, à custa de sua NPT, sem que os níveis jamais voltassem ao normal. No dia de Halloween, enquanto Teri levava Ella para as "gostosuras ou travessuras" na vizinhança, como fora prometido, Isabel ficou agitada outra vez em meu peito. Na noite anterior, que eu passara em casa com Ella, eu tivera um sonho em que Isabel estava nos meus braços e de repente se jogara violentamente para trás, como se tivesse sentido uma dor súbita, e eu a deixara cair – eu saí instantaneamente do sonho com um grito antes que ela atingisse o chão. No quarto de UTI, eu alternava desesperadamente as três canções de ninar, tentando acalmá-la. Mesmo quando ela conseguia adormecer, eu podia sentir sua respiração parar e só recomeçar após um momento assustadoramente longo. O enfermeiro de plantão me disse que a apneia do sono era comum em bebês e sua óbvia tolice me assustou mais do que me aborreceu. Ele informou ao médico de plantão, e o que precisava ser anotado foi devidamente anotado. Pouco depois, Teri e eu trocamos, e fui para casa para ficar com Ella.

O telefone tocou no meio da noite. Teri colocou o dr. Fangusaro ao telefone para me contar que Isabel "tinha muita dificuldade" em manter a pressão sanguínea. Eu tinha que ir ao hospital o mais rápido possível.

Depois de deixar Ella com minha cunhada, corri ao hospital. Encontrei uma multidão da equipe da UTI do lado de fora do quarto de Isabel olhando para dentro, onde Isabel estava cercada por um bando de médicos e enfermeiros. Ela estava inflada, as pálpebras inchadas. Suas mãozinhas estavam furadas de agulhas, enquanto um líquido era injetado nela para manter a pressão sanguínea. O dr. Fangusaro e o dr. Lulla nos fizeram sentar para nos dizer que o estado de Isabel era desesperador. Teri e eu tínhamos que dizer a eles se queríamos que tentassem tudo que pudessem para salvá-la. Dissemos que sim. Deixaram claro que nós é que teríamos que lhes dizer quando parar de tentar.

E neste ponto minha memória se apaga.

Teri está no canto chorando silenciosamente, sem parar, o terror em seu rosto literalmente indescritível; o médico grisalho que está atendendo (cujo nome desapareceu, embora seu rosto me fite diariamente) emite ordens enquanto residentes se revezam comprimindo o peito de Isabel, porque seu coração parou de bater. Eles a trazem de volta, enquanto eu fico gemendo: "Meu bebê! Meu bebê! Meu bebê!..." Em seguida, há outra decisão que Teri e eu temos que tomar: os rins de Isabel pararam de funcionar, ela precisa de diálise, e uma intervenção cirúrgica ali mesmo é necessária para conectá-la à máquina de diálise – há uma grande chance de que ela não sobreviva à cirurgia. Dizemos sim também a isso. Seu coração para de bater outra vez, os residentes comprimem seu peito. No corredor lá fora, pessoas que desconheço torcem por Isabel, algumas em prantos. "Meu bebê! Meu bebê! Meu bebê!..." eu continuo gemendo. Abraço Teri. O coração de Isabel começa a bater outra vez. O médico grisalho vira-se para mim e diz "Doze minutos" e eu não consigo compreender o que ele está dizendo. Mas logo compreendo: o que ele está dizendo é que Isabel ficou clinicamente morta por 12 minutos. Então, seu coração para outra vez, uma jovem residente comprime seu peito desanimadamente, esperando que digamos a ela para parar. Nós dizemos a ela para parar. Ela para.

Em minhas visões ansiosamente suprimidas – mas não rápido o suficiente – eu antevira o momento da morte de minha filha. Mas o que eu imaginara contra os meus melhores esforços era um momento tranquilo, como em um filme, em que Teri e eu segurávamos as mãos de Isabel enquanto ela pacificamente expirava. Eu jamais conseguiria imaginar a intensidade da dor que sentimos enquanto os enfermeiros retiravam todos os tubos e fios, todos se afastavam e Teri e eu seguramos nossa filha morta – nossa linda filha, sempre sorridente, seu corpo inchado de líquidos e machucado das massagens cardíacas – beijando seu rosto e dedinhos dos pés. Apesar de me lembrar desse instante com absoluta, esmagadora clareza, ainda é inimaginável para mim.

E como você se afasta de um momento como esse? Como você deixa sua filha morta para trás e retorna às rotinas vazias do que quer que chame de sua vida? Recolocamos Isabel de volta na cama, a cobrimos com um lençol, assinamos todos os papéis que tinham que ser assinados, arrumamos todos os nossos pertences: seus brinquedos, nossas roupas, o aparelho de iPod, as vasilhas de comida, o entulho de antes. Fora do quarto, alguém colocara um biombo para nos dar privacidade; todas as pessoas que torciam por Isabel agora haviam ido embora. Carregando, como refugiados, nossas grandes sacolas plásticas cheias, caminhamos para a garagem do outro lado da rua, entramos no carro e dirigimos pelas ruas sem significado para a casa de minha cunhada.

Não sei que capacidade mental é necessária para compreender a morte – e não sei com que idade uma pessoa a adquire, se é que jamais a adquire –, mas Ella parecia possuí-la. Quando lhe dissemos que sua irmãzinha morrera, houve um instante de perfeita compreensão no rosto de Ella. Começou a chorar de um modo que somente poderia ser descrito como não infantil e disse: "Eu quero outra irmãzinha chamada Isabel." Ainda estamos analisando essa declaração.

Teri, Ella e eu – uma família com menos um – fomos para casa. Era 1º de novembro, véspera do Dia de Finados. Cento e oito dias haviam se passado desde o diagnóstico de Isabel.

Uma das mais abomináveis falácias religiosas é que o sofrimento enobrece, que é um passo no caminho de algum tipo de iluminação ou salvação. O sofrimento e morte de Isabel não fizeram nada por ela, nem por nós nem pelo mundo. O único resultado de seu sofrimento que importa é sua morte. Não aprendemos nenhuma lição que valesse a pena aprender; não adquirimos nenhuma experiência que pudesse beneficiar alguém. E Isabel certamente não ganhou ascensão para um lugar melhor, já que nunca houve um lugar melhor para ela do que o peito de Teri, o lugar ao lado de Ella ou o meu peito. Sem Isabel, Teri e eu fomos abandonados com oceanos de amor que já não podíamos colocar em prática; vimo-nos com um excesso de tempo que costumávamos dedicar a ela; tivemos que viver dentro de um vazio que só podia ser preenchido pela presença de Isabel. A ausência indelével de Isabel é agora um órgão em nossos corpos cuja única função é a contínua secreção de tristeza.

Ella fala frequentemente de Isabel. Quando fala de sua morte, o faz de forma convincente, as palavras profundamente sentidas; ela sabe o que aconteceu e o que tudo isso significa; é confrontada pelas mesmas perguntas e saudades que nós. Certa vez, antes de dormir, me perguntou: "Por que Isabel morreu?" Em outra ocasião, ela me disse: "Eu não quero morrer." Há pouco tempo, ela começou a conversar com Teri, sem nenhuma razão aparente, sobre querer segurar a mão de Isabel outra vez, sobre a falta que sentia da risada de Isabel. Algumas vezes, quando lhe perguntávamos se sentia falta de Isabel, ela se recusava a responder, demonstrando uma espécie de impaciência inteiramente reconhecível por nós – o que havia para falar que já não era evidente por si mesmo?

Mingus ainda continua bem e forte, vivendo sua vida alternativa. Embora passe muito tempo conosco, ele novamente mora depois da esquina, com seus pais e um número variável de irmãos e irmãs, recentemente dois irmãos, Jackson e Cliff, e uma irmã, Piccadilly. Teve seus próprios filhos – três filhos, em certo momento, um dos quais se chamava Andy. Quando fomos esquiar, Mingus preferiu snowboarding. Quando fomos passar o Natal em Londres, Mingus foi a Nebraska. Ele joga xadrez muito bem, ao que tudo indica. Às vezes, ele grita com Ella ("Cale a boca, Mingus!", ela grita de volta); outras vezes, ele perde a própria voz, mas então fala com a de Isabel. Também é um excelente mágico. Com sua varinha mágica, Ella diz, ele pode fazer Isabel reaparecer.

SUMÁRIO DE DISSABORES

■ ■ ■

1. "As vidas de outros", publicado inicialmente como "As outras perguntas", em *Der Andere Nebedan: The South-East-European Anthology*, ed. Richard Swartz, S. Fischer Verlag, Alemanha, 2007.
2. "Som e visão", publicado inicialmente como "To Catch a Thief", em *The Guardian Weekend*, 10 de julho de 2004.
3. "Jantar em família", publicado originalmente em duas partes: "Rationed", *The New Yorker*, 3 de setembro de 2007, e "Borscht", *The New Yorker*, 26 de novembro de 2010.
4. "O caso Kauders", *McSweeney's*, Issue 8, 2002.
5. "A vida durante a guerra", *The New Yorker*, 12 de junho de 2006.
6. "A montanha mágica", *The New Yorker*, 8 de junho de 2009.

7. "Que seja o que não pode ser", publicado como "Genocide's Epic Hero", *New York Times*, 27 de julho de 2008.
8. "Vidas de cachorro", publicado inicialmente como "War Dogs", *Granta*, Issue 118, fevereiro de 2012.
9. "O livro da minha vida", *The New Yorker*, 25 de dezembro de 2000.
10. "As vidas de um *flâneur*", publicado inicialmente como "Mapping Home", *The New Yorker*, 5 de dezembro de 2011.
11. "Razões pelas quais eu não quero deixar Chicago: uma lista aleatória e incompleta", publicado originalmente em *Chicago in the Year 2000*, ed. Teri Boyd, 3 Book Publishing, 2006.
12. "Se Deus existisse, seria um bom jogador de meio de campo", *Granta*, Issue 108, setembro de 2009.
13. "As vidas de grandes mestres", não publicado.
14. "A vida no canil", publicado inicialmente como "In the Doghouse", *Playboy*, agosto, 2006.
15. "O aquário", *The New Yorker*, 13 de junho de 2011.

Todas as partes deste livro foram originalmente publicadas, com ligeiras diferenças na forma, e posteriormente revisadas e editadas.

Impressão e Acabamento:
GRÁFICA STAMPPA LTDA.
Rua João Santana, 44 - Ramos - RJ